Wie das Leben so spielt...

Mystisches
Medizinisches
Menschliches

Zum Nachdenken - Mitfühlen - Schmunzeln

Dr. Karl Ludwig Mootz

Verlag: bookxpress ISBN 3-936705-39-9

Bestellung: über den Buchhandel oder

Druckwerkstatt
Hauptstrasse 26
35463 Fernwald

Wie kam es zu diesen Versen?

In den langen Monaten eines Krankenhausaufenthaltes habe ich vieles beobachtet und in mir aufnehmen können.
Mal war ich glücklich und zufrieden, dass man sich hier so intensiv um mich kümmerte, dann wiederum haderte ich mit meinem Schicksal, dass mich so schwer getroffen hatte. Es missfiel mir auch, dass ich mein Leben so wenig selbst gestalten konnte, ich musste im Krankenhaussystem und -rhytmus leben und wurde in diesem bewegt. Das hatte seinen guten Grund.
Spontan war an meiner Situation nichts zu ändern, ich musste mitmachen, ertragen und kämpfen, in der Hoffnung, dass sich mein Zustand bald wieder bessern würde. Geduld war gefragt.

Immer wieder konnte ich darüber nachdenken und auch erfahren, welchen Einflüssen wir in unserem Leben unterliegen.
Ja, wie das Schicksal, die eigenen Gene und die vielen Einflüsse in und mit unserem Leben so spielen.

Nach Hause zurückgekehrt, verarbeitete ich die Beobachtungen der langen Zeit, schloss andere Gedanken mit ein und begann über einige Zeit- und Lebensabschnitte Reime zu verfassen.
Bedacht wurden auch die Lebensverhältnisse unserer Vorfahren in früheren Zeiten und deswegen eine Zweiteilung meiner Gedanken in die Frühzeit und die heutige Zeit vorgenommen.

In meist humoriger Fassung liegt das Ergebnis vor :

Schicksal, Glaube, Hoffnung, Aufgabe mit Ziel.

Die Verse haben einen ernsthaften Hintergrund und fordern zum Nachdenken und Mitempfinden auf.
Sie sollen aber auch Anlass zum Schmunzeln und zur Erheiterung geben.
So entstand eine bunte Mischung.

Viel Spaß beim Lesen. K. L. Mootz, im Jahr 2004

Anschrift des Verfassers:
Dr. Karl Ludwig Mootz - Eichgärtenallee 22 - 35394 Gießen
Tel.: 0641 - 43010
E-Mail: dres.mootz@t-online.de

Und wer fertigte die Zeichnungen an?

Mein Werk mit mehr als hundert Versen erfuhr eine sehr schöne Erweiterung als sich Mona Neumann bereit erklärte Zeichnungen anzufertigen, um es aufzulockern und anschaulicher zu machen.

Ich kenne Mona Neumann von vielen ihrer wunderschönen und harmonischen Aquarelle und war hocherfreut, dass sie bei der Gestaltung des Buches mithelfen wollte.
Sie ist mit ihren Bildern in ihrem Umkreis als sehr talentierte und engagierte Künstlerin bekannt.

Sie hat nach dem vorliegenden Text ihre Phantasie walten lassen und dem Leser, neben den Versen, viele hübsche Darstellungen geliefert.
Jetzt können Herz und Seele lachen, ich danke ihr sehr.

Wer mit ihr als Künstlerin Kontakt aufnehmen will, sie wohnt mit ihrer Familie im Norden Deutschlands:

Mona Neumann
Bockhorst 12
21644 Sauensiek - Bockhorst
Telefon: 04169 - 902058
e-mail: hinrich.neumann@t-online.de

Inhaltsverzeichnis

Früher

Die Götter der Urväter

Der Urvater sitzt
in der Höhle wenn´s blitzt.
Er hört dort mit Schmollen
den Donner stark grollen
und fragt ohne Spott,
was willst du mein Gott?

Der Regen er rinnt,
der Urvater sinnt,
was hab´ ich verbrochen
in den letzten vier Wochen?
Bin ich denn gemeint?
Er geht in sich und weint.

Der Frau ist ganz bange,
den Kindern schon lange,
der grausige Lärm,
er schlägt ins Gedärm.
Es stürmt mehr und mehr,
sie fürchten sich sehr.

Ich bin doch kein Spötter,
was wollen die Götter?
Auf ihr rumpelndes Fragen
weiß ich gar nichts zu sagen,
ich mach keine Witze,
was sollen die Blitze?

Der Stamm unverdrossen
hat ganz schnell beschlossen
zu opfern ein Lamm.
Dies Zeichen sodann
hat die Götter verwöhnt
und alle versöhnt.

Dieses Tieropferzeichen
konnte sehr schnell erreichen
tiefe Demut und Stille
nach des Urgottes Wille.
Ermahnt und geführt,
keusch, diszipliniert,
es war göttlicher Sinn,
man nahm alles hin.

Ihr Schicksal, es war ihnen vorgegeben
in ihrem kargen und kurzen Leben.

Im Schutz der Familie

Als Lebensraum konnten sie damals nur wählen
Baumburgen, Erdlöcher, Hütten und Höhlen,
sie lagen auf Stroh, auf Heu und auf Moos,
sie froren recht oft, denn sie lagen ja bloß.

Dann erlegten sie Tiere und kamen zu Fellen
und deckten damit die empfindlichsten Stellen,
des nachts lag man gerne im wärmenden Hauf,
mal neben, mal drüber und manchmal auch drauf.

Sie hielten zusammen was immer geschah
und waren so stets füreinander da.
Sie mußten sich wilder Tiere erwehren
und ganz nebenbei auch den Stamm noch vermehren.

Der Familienvater war Herr auch im Ring,
an dem das Leben der Sippe hing.
Er ist versehen mit Speer und mit Bogen
täglich zur Jagd in die Wälder gezogen.

Er sorgte für den Familienschutz
und bot für die Seinen Hilfe und Trutz,
stand schützend davor mit Gebrüll und Geheule
und griff dann dabei auch zu Steinaxt und Keule.

Die Mutter sie sorgte in diesem Getümmel
zuerst einmal für das Kindergewimmel,
sie hielt sie sauber und nährte sie gut,
vermehrte fast jährlich die menschliche Brut.

Die Menschen damals, sie starben sehr jung
durch Krankheit, Unfall und Feindeinwirkung.
Die Ursachen sind zwar bis heut noch die gleichen,
doch weiß man jetzt bessere Mittel zu reichen.

Die Menschen dereinst, sie fühlten sich nur
als ganz kleiner Teil in der großen Natur,
sie lebten in dieser und folgten ihr auch,
ihr Leben war einfach Naturgebrauch.

Man ging nur zum jagen, ernten und sammeln,
konnte auch einen Tag mal vergammeln,
bis einer mit seinem Hirn ernsthaft dachte
und dabei die erste Erfindung auch machte.
Die Technik zog nun in das Leben ein
und sollte fortan bestimmend sein.

Die Elemente

Der Elemente Ungeheuer,
Wasser, Sturm und auch das Feuer,
schienen in dem frühen Leben
schicksalhaft und gottgegeben.

Erschienen sie, nahm man es hin
als des Schöpfers Fluch und Sinn,
ertrug sie still halt, doch voll Wut,
die Feuersbrunst, den Sturm, die Flut.

Das Wasser hat sie heimgesucht
und trieb sie manchmal in die Flucht,
der Mensch bekam sehr früh den Rat,
dass Wasser keine Balken hat.

War das Wasser wieder fort,
verließ man den verschlammten Ort
und dachte nach dem Flutgeschehn,
hier ist man wohl nicht gern gesehn.

Kam der Wind mit Sturmgebraus,
fetzte über Hof und Haus,
verwüstete was man erstellt,
auch die Arbeit auf dem Feld.

Doch war der Wind dann wieder stumm,
sah man sich behände um
nach einem Plätzchen, das geschützt
keinen Angriffspunkt besitzt.

Die Feuerwalze, wenn sie kam,
Besitz und Leben oftmals nahm,
dann galt es ganz schnell wegzulaufen
vom agressiven Hitzehaufen.

War das Feuer wieder aus,
baute man ein neues Haus,
hofft, dass am Ort, den man jetzt nahm,
das Feuer niemals wiederkam.

Für Mühlen nutzte man bald den Wind,
Wasser und Feuer im Hause sind,
zum Kochen, Heizen, Beleuchten,
zum Waschen und zum Befeuchten.
Bei all ihrem Nutzen kennt man jedoch
der Elemente Gefahren heut` immer noch.

Der Medizinmann

Der Medizinmann musste hüpfen,
mit Fell an Kopf und seinen Hüften,
mit Brummen, Seufzen, lautem Schrei,
ein Fackellicht war auch dabei,
in seiner Hand ein Zauberstab,
der Hoffnung auf Genesung gab.

Er schien ´ne Mischung Mensch und Tier,
war seines Stammes höchste Zier,
ein Wesen voller Kult und Macht,
hat Heil und Glück und Trost gebracht.
Und weil sein Treiben überzeugt,
hat man sich seinem Spruch gebeugt.

Damit der Bursche überlebt,
wurd´ er gefüttert und gepflegt,
die Lagerstatt für jede Nacht
mit weichen Fellen frisch gemacht.
Daneben, und das war doch klar,
bekam er auch noch Honorar.

Er sammelt seinen Stamm im Kreis
und führt vor diesen den Beweis,
dass ihm die Götter Kraft gegeben
über deren Geist und Leben.
Dann sprach nach Mystik, Tanz und Rauch
er die Entscheidung aus dem Bauch.

Mit Überzeugung ohnegleichen
tat er´s in Runen und in Zeichen,
konnt´ Feuer, Steine, Wasser fragen
nach Krankheit und nach Lebensplagen,
er fällt nach Singsang, Schau und Fluch
seinen felsenfesten Spruch.

Dem Treiben wurde zugeschaut
und der Entscheidung fest vertraut.
Die Sterne sahen hoch im Stillen
der Menschen Treiben, Wollen, Willen,
wie der Medizinmann wacht
mit Himmels- und mit Teufelsmacht.

So war des Medizinmanns Deutung
grad wie eine Gottesleitung
und konnte ihrem ganzen Leben
eine feste Führung geben.

Das Kräuterweib

Das Kräuterweib lebt meist versteckt,
ein Kopftuch ihre Haarpracht deckt,
sie geht am Stock und leicht gebeugt,
von Kräuterweisheit überzeugt.

Ihr Haar ist grau, die Haut zeigt Falten
grad wie bei den andern Alten,
doch ihre Augen suchen ständig,
was blüht, was reift und was lebendig.

Sie kennt so manchen Blättersaft
und vieler Blüten große Kraft,
kennt Rinden, Wurzeln und auch Knollen,
die bei Schmerzen helfen sollen.

Sie hat auch selbst an sich versucht
wie wirkt die ein und andre Frucht,
Erfahrungen aus eignem Leben,
damit kann sie manch´ Ratschlag geben.

Sie trocknet, presst und extrahiert
was zu enormer Wirkung führt,
mal kocht sie Tee, dann einen Sud
und tut den Kranken damit gut.

Blätter kommen auf die Wunde,
zu erneuern jede Stunde,
die Entzündung sehr schnell schwindet,
weil ein Wurzelsaft sie bindet.

Wenn die Lunge keuchend ruft,
wird inhaliert der Blüten Duft
und sie kennt von jedem Strauch
dessen gute Wirkung auch.

Sie arbeitet und mahnt uns nur
an die Kräfte der Natur,
sie zu nutzen und zu wissen,
kann man deshalb nur begrüßen.

Das Kräuterweib starb langsam aus,
man hat die Pillen ja zu Haus,
denkt selten an vergang´ne Zeiten,
sich Tee und Salben zu bereiten.

Horoskop und Wahrzeichen

Es mussten einst vor großen Taten
die Sterne insgeheim verraten:
Hab ich heut Glück, gelingt der Plan?
Bringt er den Sieg, wie fang ich´s an?

Auguren haben ausgesagt
und wurden zu der Tat befragt,
die Kugel sollte Ratschlag geben,
befragter Zweifel zog durchs Leben.

Die Innenfläche von der Hand
beim Wahrsager Interesse fand,
die Wünschelrute wurd´ probiert
und der Vogelflug studiert.

Für den Vorgang war sehr wichtig,
ob der Stand der Sonne richtig,
sind die Nebel schon verzogen
und die Götter wohlgewogen?

Das Horoskop wurd´ dann befragt,
was es zu dem Ausgang sagt -
nach dessen Rückversicherung
kam das Vorhaben in Schwung.

Der Mensch hat sich zu aller Zeit
von Zweifeln gar zu gern befreit
und fragt die ein und and´re Macht,
ob er es wohl richtig macht.

Vernunftgedanken mussten weichen
Sternen, Träumen, andren Zeichen,
die konnten mit des Mystos Zielen
viele Male Schicksal spielen.

Trotz unsrer aufgeklärten Zeit
sind manche Menschen noch bereit,
zu fragen Horoskop und Sterne
und glauben daran fest und gerne.

Mit Aufklärung und bestem Wissen,
weil sie sich entscheiden müssen,
wär´ der Erfolg, den sie bekommen,
so furchtbar gern vorweggenommen.

Die Hexen

War eine Frau besonders schön,
dass sich die Männer nach ihr drehn,
trug sie ´nen kleinen Glorienschein,
dann konnt´ das nur ´ne Hexe sein.

Die Hexe hatte große Macht,
hat Glück und Unheil uns gebracht
und wie auch manches Märchen sagt,
war ihr Hexenspruch gefragt.

Mal fiel er gut aus, manchmal schlecht,
der Hexe war es immer recht,
sie war gefürchtet weit und breit
und stets zum Hexenspruch bereit.

Sie belegte Frau und Mann
oftmals mit dem Hexenbann,
die mussten sich in ihrem Leben
diesem Zauberspruch ergeben.

Bis dann ein frommer Kirchenmann
prangerte das Ganze an,
die Hexen werden umgebracht,
es gibt nur noch der Kirche Macht.

An einem Pfahle festgebunden
verbrachten sie die letzten Stunden.
Ein Feuer wurde angezündet,
dass ihre Seele schnell entschwindet.

Auf manch frivole, kecke Magd
begann nun eine Hexenjagd,
die Konkubine, das war klar,
ganz sicher eine Hexe war.

Manch kluge Frau wurd denunziert,
zum Scheiterhaufen hingeführt,
auch gab manch list´ger Ehemann
die eigne Frau als Hexe an.

Die Hinrichtung war öffentlich
und wie man weiß erzieherisch.
Die Hexenhäuser waren leer,
den Kirchenmann erfreut das sehr.
Verhext sind heut noch viele Sachen,
die große Schwierigkeiten machen.

Der Wunderheiler

Er ritt mit Gehilfe durchs weite Land,
war den Kranken durch seine Heilkunst bekannt
und wohin er auch kam auf all seinen Wegen,
an seinem Tun war den Menschen gelegen.

Er stärkte die Alten, Kranken und Schwachen,
er wusste bei Ausschlägen Salben zu machen,
er hat auch die kranke zerschundene Haut
mit Umschlägen schnell wieder aufgebaut.

Bei Wunden, da war er ein Spezialist,
weil durch Pflaster so vieles zu retten ist;
und war gar einmal ein Bein gebrochen,
dann richtete er auch diesen Knochen.

Die Blähung kuriert er mit Wärme und Tee,
gegen Rheuma gab es ein Moorbad im See,
die Halsentzündung erfuhr warmes Bier,
bei Verstopfungen half nur ein hohes Klistier.

War ein Zahn sehr erkrankt und konnt´ nicht mehr bei
dann war er ein Meister im Zähne-Rausreißen:
Der Gehilfe hielt kraftvoll das off´ne Gebiss,
der Patient schrie vor Schmerzen, der Meister er riss.

Und weil er erfolgreich so vieles konnt´ heilen,
da durfte er gerne bei Hofe verweilen,
hier half er den Fürsten, den feisten und dicken
und konnt´ nebenbei manche Zofe beglücken.

Er war unterhaltsam und auch sehr galant,
als Wunderheiler bei allen bekannt.
So zog er umher, als kurierender Star
und bezog von allen ein Honorar.

Damit es der Nachwelt erhalten blieb,
was er mit seinen Patienten so trieb,
wurden die heilenden Wundergestalten
gerne im Ölbild auch festgehalten.

Wohin er auch kam, er war herzlich willkommen,
er hat den Patienten die Schmerzen genommen
und all ihre Leiden, so viele es gibt,
darum sind die Ärzte auch heut´ so beliebt.

Der Feldscher

Seit der Menschheit Wiege
gab es ständig Kriege:
Zum Kampf heraus, zum Siege eile,
mit Gewalt auf alle Teile,
auf Kopf, auf Bein, auf Brust
in höchster Siegeslust.

Die andre Seite auch,
sie sticht in Hals und Bauch,
und jeder ist ein Held,
wenn der andre fällt.
Nur ein Einz´ger flucht,
der, der zu heilen sucht.

Der Feldscher steht am Tisch
und macht die Wunden frisch,
er operiert und näht
von morgens früh bis spät
und heilt was vorher heile war
bei der beseelten Kämpferschar.

Der kranke Mensch kann nur noch wimmern
und sieht sein letztes Stündlein schimmern,
er kriegt ´ne Flasche Rum hinein,
im Suff entfernt man ihm das Bein:
Er ist ein armer Krüppel
und läuft fortan am Knüppel.

Der Feldscher flickt und repariert,
was an Verletzung ist passiert,
mit Säg´, Skalpell und Scher´
und täglich wird es mehr.
Und hat er seinen Dienst getan,
dann fängt der Krieg schon wieder an.

Das war des Feldschers Arbeitswelt,
im Kugelhagel auf dem Feld,
Soldaten Kraft zu geben
und selbst zu überleben.

Den Feldscher gibt es heut nicht mehr,
Chirurgen stehen nun im Heer -
in Lazarettes Reiche,
die Arbeit ist die gleiche.

Der Zahnreißer

Was quält den Menschen fürchterlich
und offenbart ihn jämmerlich?:
Das ist der Zahnschmerz immer noch,
der ausgeht von ´nem kleinen Loch.

Das war schon so zu allen Zeiten,
der Zahn zerfällt, der Nerv muß leiden
und wehrt mit Schmerzen sich im Mund,
ohne Pause, Stund´ um Stund´.

Dann geht das Leidensschicksal weiter,
es bildet sich jetzt auch noch Eiter,
die Wange schwillt, wird dick und hart
und ist mit Lebensangst gepaart.

Der Zahnreißer tritt in Aktion,
hat Hammer, Meißel, Zange schon
zurechtgelegt auf seinen Tisch
und holt das erste Opfer sich.

Nicht in ein stilles Kämmerlein,
nein, auf dem Marktplatz muss es sein,
das Volk, damit ihm nichts entgeht,
erwartungsvoll daneben steht.

Der Patient, er setzt sich nieder,
zeigt angsterfüllte Schlotterglieder
und hofft, dass schnell und gut vorbei
die Tortur der Reißerei.

Der Meister tritt nun in den Kreis,
diese Schau ist der Beweis
seines Könnens, er fängt dann
an dem Zahn zu ziehen an.

Doch er kann das nicht alleine,
gehalten werden Kopf und Beine,
das Opfer schreit, es gibt Applaus,
schon wieder ist ein Zahn heraus.

Der nächste Mensch, der nächste Zahn,
schon wieder fängt das Schauspiel an.
Und wenn ich´s hiermit noch erwähne:
Der Mensch hat zweiunddreißig Zähne.

Die Geburt

Die Geburt zu allen Zeiten
konnte große Not bereiten,
die Mutter hat schon starke Wehen,
die Niederkunft ist abzusehen.

Das Wasser kocht, das Bett ist frisch,
die Tücher liegen auf dem Tisch,
die Hebamme steht hilfsbereit,
bis das Baby endlich schreit.

Es wird gewaschen und gepflegt
und dann an die Brust gelegt,
doch zuvor kriegt unser Kindel
seine allererste Windel.

Die Mutter überstand es gut,
sie sammelt Kraft und Lebensmut,
ist glücklich, stolz und betet leise
für des Kindes Zukunftsreise.

Schnell in der Familienrunde
läuft sie nun die Kindeskunde,
man isst und feiert, lacht und trinkt,
bis der Storch das Nächste bringt.

Jeder Erdteil und Nation
kennt diesen Ablauf lange schon
und produziert auf gleiche Art,
hat man sich zuvor gepaart.

Nach Flasche, Brei und Kinderwagen,
Einsatz jetzt an allen Tagen,
wächst der Augenstern heran
zur nächsten Frau, zum nächsten Mann.

Die treiben dann das gleiche Spiel
im ständigen Familienziel
und sehen dann in ihrem Leben
erwartungsvoll dem Punkt entgegen,
wenn der Familienfortbestand
wieder einen Fortgang fand:
Ein Baby man in Armen hält,
das größte Glück auf dieser Welt.

Der Bader

Der Bader, sehr naturverbunden
hat die Menschheit oft geschunden,
er half gezielt, muß ich erwähnen,
dem Mensch an Körper, Haaren, Zähnen.

Als Kleinkind, ach man sieht es kaum,
hat der Mensch statt Haaren Flaum,
doch wächst die Haarpracht mehr und mehr
geht es zum Bader, dem Friseur.

Der schneidet blitzschnell, schwapp di wapp
mit seiner Scher´ den Wildwuchs ab,
sieht Nägel sich und Zehen an,
ob er da auch noch kürzen kann.

Er hat des Kunden ganze Haut
sich sehr kritisch angeschaut,
blickt auch in Auge, Mund und Ohr
und kam sich fast als Doktor vor.

Er trug ganz stolz den Bader-Titel,
kannte die Naturheilmittel
und war in Stadt und auf dem Land
als Heilgehilfe wohlbekannt.

War faul der Zahn und machte Schmerzen,
begab man sich mit bangem Herzen
zum Bader, der ohn´ Furcht und Scham,
das Übel aus dem Körper nahm.

Er hatte Zangen und auch Hebel,
aus Angst vor Zubiss einen Knebel,
er riss den Zahn, den mit dem Loch -
der Zahn war weg, der Schmerz war noch.

Die Menschen, die bei dem Geschehn
lüstern, fröhlich zugesehn,
die wussten, ach beim nächsten Mal
trifft sie dich, die gleiche Qual.

Der Zahnreißer war noch brutal,
der Bader schon die bessre Wahl.
Der Mensch erhielt in vielen Jahren
immer bessre Heilverfahren.

Die Kirche

Die Kirche hatte einst wie heut
die Menschenkinder gern betreut,
verteilte Unmut, doch auch Segen
über deren karges Leben.

Kaum dass ein Kind das Licht erblickt,
kam der Pfarrer ganz geschickt,
durfte es sogleich dann taufen
als Neumitglied im Kirchenhaufen.

Von Geburt dann bis zum Tode,
mit Befolgung der Gebote,
ordnet es sich züchtig ein,
wollt immer brav und folgsam sein.

Lernt kaum schreiben, selten lesen,
doch ist beim Kirchgang stets gewesen,
erfuhr was ist und sollte sein -
mit viel Pomp und in Latein.

Wenn sein Sündenkonto reichte,
wurd entlastet es per Beichte,
die Kollekte freute sich,
wenn der Sünder heimwärts schlich.

Galt es einen Dom zu bauen,
konnt´ die Kirche fest vertrauen,
dass der Mensch für Gottes Lohn
leistete der Arbeit Fron.

Zu Gottes Ruhm und seinem Siege
führte man auch viele Kriege.
Wollt´ man das Himmelreich ererben,
durft´ man unterm Kreuz jetzt sterben.

Doch dem allgemeinen Leben
konnt´ die Kirche Ordnung geben,
man wusste mit den Zehn Geboten,
was erlaubt und was verboten.

Taufe, Hochzeit, Gottesacker,
der Kirchenmensch schlug sich sehr wacker,
der Zeitgeist hat sie nun erfasst,
hat die Kirche was verpasst?

Der Gelehrte

Von Fürst und Geistlichkeit geführt
wurde einst das Volk regiert,
erfuhr von diesen was war richtig,
der Einfluss war für alle wichtig.

Ich mache daraus keinen Hehl,
der Einfluss war zumeist Befehl.
Doch dann erschien auch der Gelehrte,
den das Volk besonders ehrte.

Seine Meinung tat er kund
und vertrat oft Volkes Mund,
konnte schön artikulieren,
man begann zu diskutieren.

Was schon sein Wissensstand beweist,
der Mann war klug und weit gereist,
man erfuhr aus fernen Ländern,
wie sich Zustände verändern.

Er wusste herrliche Geschichten,
konnt´ von Brand und Krieg berichten,
erzählt´ von Tier und Ackerbau
und kannt´ die halbe Welt genau.

Man erfuhr von großen Reichen,
schönen Frauen ohnegleichen,
von Burgen, Schätzen und von Schiffen,
von Stränden und von fernen Riffen.

Da ist in manchem dann entbrannt
das Fernweh für ein solches Land,
erweitert wurd´ der Träume Ziel
und davon gab es ja so viel.

Noch war das Leben eng und klein
und schränkte alle sichtlich ein.
Im Handwerk hat man viel erfahren
in den Lehr - und Wanderjahren.

Oft wurd´ nicht mal das Dorf verlassen,
man informiert´ sich auf den Gassen,
drum war, der Neues uns bescherte
ein kluger Mann, halt der Gelehrte.

Heute

Die Jugendzeit

Nach Geburt und Babyjahren,
nach Windeln, Flasche und dem Brei,
nach Fahrten in dem Kinderwagen
war dieser Abschnitt auch vorbei.

Jetzt wurd´ das Reden beigebracht
und alle übten mit,
das hat den Alten Spaß gemacht
und war der nächste Schritt.

Danach spielt´ ich in Haus und Garten,
fiel manchmal in den Dreck,
dann kam der tolle Kindergarten
und ich am Morgen weg.

In dieser munt´ren Kinderschar,
da tobten wir herum,
nicht ahnend was Hygiene war
und ein Bakterium.

Bei einem Schnupfen gab es nie
gleich Pillen in den Mund,
wir waren, wenn die Nas´ auch lief,
immun und kerngesund.

Im Alltagsleben mussten wir
mit Keimen und mit Viren,
im Kontakt zu Mensch und Tier
die Umwelt inhalieren.

Der Arzt wurd´ in der Jugendwelt,
dies kann ich klar berichten,
selten oder nie bestellt,
die Natur musst´s richten.

Die Hausmittel, die jeder kennt,
die gab es allgemein,
sie machten uns sehr resistent
und nicht den Krankheitskeim.

So ging die schöne Jugendzeit
viel zu schnell vorbei,
sie hielt den Jugendkelch bereit:
Wir lebten frank und frei.

Das Elternhaus

Sieht man im Leben kritisch zurück,
einiges Leid, doch auch ganz großes Glück,
erfuhr man in seinem Elternhaus,
einmal in Freude und dann mal mit Graus.

Als Baby wurde das junge Leben
zur Förderung hier abgegeben
und ohne Erziehungszeugnis und -pass,
machte die Aufzucht den Eltern Spaß.

Sie haben gewindelt, sie haben gefüttert,
sie haben gelacht und das Kindchen betüttert.
Sie haben nach eigenem Willen und Wogen
das Kind nach ihrer Ansicht erzogen :

Immer in Liebe,
niemals mit Hiebe,
doch hatte es sich zu viel rausgenommen,
dann hat es ´nen leichten Klaps bekommen.

Das Vorbild der Eltern war ganz enorm
und brachte das Kind in die richtige Form,
beim Essen, beim Waschen und Zähneputzen,
der Haarpflege und auch beim Deo benutzen.

In der Schule passten die Eltern auf,
sie hatten mal Lob und mal Tadel drauf

und haben gar manches Mal mitgeschwitzt,
wenn das Jungvolk an seinen Aufgaben sitzt.

Sie haben, erfahren und unbeschwert,
uns viele Dinge im Leben erklärt,
Fragen beantwortet, tags und bei Nacht
und uns ihre Ansichten näher gebracht.

Sie haben uns mit verständiger Hand
heraus aus unserem Kinderland
hinein in das Leben der Großen geführt
und so für die Zukunft gut präpariert.

Manchmal sah man manches nicht ein,
doch war man machtlos und halt noch so klein,
da schwor man sich: All die verbotenen Sachen
werde ich später erst recht einmal machen.
Den größten Einfluss übt immer noch aus
die Erziehung in unserm Elternhaus.

Die Großeltern

Der Mensch, der mit den Enkeln lebt
auf einer großen Wolke schwebt,
jetzt hat man Zeit, ist tolerant,
das ist den Enkeln wohlbekannt.

Opa mach dies und Opa mach das,
die Beiden haben riesigen Spaß.
Mal sieht man wie sie herzlich raufen
oder um die Wette laufen.

Dass der Enkel immer siegt
und dafür Belohnung kriegt,
das wertet diesen mächtig auf,
und der Opa ist gut drauf.

Die Oma liebt ganz andre Sachen,
die den Enkeln Freude machen,
sie erfüllt der Liebe Soll
ruhig und verständnisvoll.

Man hat stets für die Enkel Zeit
und hilft gern bei der Schularbeit,
bringt sie auch zu der Übungsstunde
und vermittelt manche Kunde.

Man bastelt, singt, erklärt, erzählt
von all den Dingen in der Welt
und was man früher so gemacht,
was man erlebt und wie gedacht.

So bedient auf seine Weise,
einmal stürmisch, dann mal leise,
am Telefon, auch aus der Ferne,
den Einfluss man, dezent und gerne.

Von den Mädchen und den Knaben
die Zukunft sie im Auge haben:
Sie sollen klug, gesund und schön,
erfolgreich durch ihr Leben gehn.

Die Großeltern vor allen Dingen
oft die schönsten Sachen bringen,
Teures, was nicht möglich war,
plötzlich war´s mit ihnen da.
Die Großeltern, sie haben Geld
und sind die Besten von der Welt.

Die Geschwister

Sozialverhalten, Rücksicht, Streben
lernen wir in unserm Leben,
wie der Pädagoge weiß,
am besten im Familienkreis.

Ob die Geschwister alt, ob jung,
sie sorgen stets für Reiz und Schwung,
für Stimmung, Chaos und Geschrei,
die Trauer ist auch mal dabei.

Sie lernen sich zurückzunehmen,
zu feixen und sich auch zu schämen,
sie kneifen und sie schlagen zu
und dann ist wieder stille Ruh.

Sie lernen zeitig abzugeben
oder etwas aufzuheben,
so halten sie für schmale Zeit
eine Freude sich bereit.

Sie sind vereint in Spiel und Sport
und gehen auch gemeinsam fort,
sie helfen und sie stützen sich,
sie ärgern und sie necken sich.

So ist denn die Geschwisterschar
in allen Zeiten für sich da
und lernt sehr früh in ihrem Leben
mal zu Ernten, mal zu Geben.

Sie spielen, singen, lachen
und können Freude machen,
doch wenn sie einmal zänkisch sind,
wird zur Furie manches Kind.

Dann sind sie dickköpfig und trotzig,
beleidigt, muffig, laut und protzig,
das liebe Kind kennt man nicht mehr,
beschäftigt nun die Eltern sehr.

Jedoch bringt der Geschwisterkreis
im ganzen Leben den Beweis
von Liebe und Zusammenhalt,
auch wenn es zwischendurch mal knallt.
Lieb Schwesterlein - lieb Brüderlein,
ihr sollt euch immer einig sein.

Die Ernährung

Egal ob Mädchen oder Knilch,
zuerst gibt es die Muttermilch.
Ist diese Quelle dann versiegt,
man Kaubares und Festes kriegt.
Fortwährend wird also von oben
Nahrhaftes hineingeschoben,
auf Familienrat gestützt,
dies dem Körperwachstum nützt.

So wird man in jungen Jahren
diesen Nahrungsweg erfahren,
entwickelt seine Körperform
und den Geist auch ganz enorm.

Kohlenhydrate sind sehr wichtig,
wenig Fett, so ist es richtig,
ganz viel Eiweiß in den Mund,
so wächst du auf, groß und gesund.
Dazu Spurenelemente,
Vitamine ohne Ende,
doch gar bald hast du entdeckt,
was dir ganz besonders schmeckt.

Leider werden diese Sachen
dich bald rund und füllig machen,
deinen Stoffwechsel belasten,
dann entschließt du dich zu fasten.

Hast du nach Enthaltungsstunden
dein Gewicht zurückgefunden,
stellst du dann mit Freuden fest,
dass sich´s so leicht leben lässt.

Doch warum sollst du dich schinden,
du kehrst zurück zu alten Sünden
und hast nach eines Monats Lauf
die ganzen Pfunde wieder drauf.

Du wirst faul und unbeweglich,
vieles ist dir nicht mehr möglich,
knapp wird das Lebensangebot,
du schwitzt sehr schnell, dein Kopf wird rot,
dein Stoffwechsel spielt bald verrückt,
die Esslust aber dich entzückt.
Jetzt wirst du auch noch geistig lahm,
welch Einfluss die Ernährung nahm!

Im Sport

Wer von Natur aus faul und träge,
mobil erledigt alle Wege,
der freut sich an Herrn Churchill´s Wort:
Sport ist Mord.

Jedoch wer einst viel Sport getrieben,
ist fit, belastbar, schlank geblieben
an Körper und an Geist,
wird alt zu allermeist.

Nur wer im Sport unkontrolliert
seinen Körper strapaziert,
kann Schäden so erleiden,
das ist kaum zu vermeiden.

Bewegung ist und das ist richtig
für Tier und Mensch besonders wichtig,
Gelenke, Muskeln, Sehnen,
die musst du ständig dehnen.

Fahrrad fahren, turnen, schwimmen,
walken, joggen und sich trimmen,
Tennis, Reiten oder Ball,
spielen kannst du überall.

Suchst du den Kick bei deinem Sport,
erweist er sich auch mal als Mord:
Extreme sollst du meiden,
dann brauchst du nicht zu leiden.

Die Jugend hat zu allen Tagen
den Rat gern in den Wind geschlagen:
Sie woll´n sich profilieren,
mit Siegen imponieren.

Und denken gar die Alten,
sie könnten noch mithalten:
Erfahren sie zu ihrem Leid
alles hat halt seine Zeit.

Sport kann man auch im Alter treiben,
man braucht zu Haus nicht sitzen bleiben,
der Möglichkeiten gibt es viele
mit Schwimmen, Turnen, Spiele.
Turnvater Jahn ist stets dabei:
Mit frisch und fromm und fröhlich, frei.

Die Musik

Der Schöpfer versah uns mit den Geschenken:
Sehen, Hören, Fühlen und Denken.
Sie fallen bei jedem verschieden aus
und machen Persönlichkeiten daraus.

So denkst du nach und siehst bald ein,
beschwingt und fröhlich kannst du sein,
wenn um dich rum Musik erklingt
und man schöne Lieder singt.

Der Ton ist heute genau definiert,
als Wellenlänge manifestiert,
so klingt er immer sauber und rein
und wird des Musikers Freude sein.

Schwarze Noten mit Fähnchen und Strich
beschreiben Musik, informieren dich
auf fünf langen Linien, der Notenleiter,
klingen sie ernst oder fröhlich und heiter.

Du kannst dies erlernen mit viel Disziplin,
du wendest dich Noten und Griffen hin
und bald schon gelingt dir dein eigener Klang,
erfreust deine Seele mit Musik und Gesang.

Der Hunde Knurren, der Vögel Gesang,
der Fische Laute, der Sprache Klang
bedeuten akustische Mitteilung,
im wahrsten Sinne Verständigung.

Die Musik jedoch drückt Stimmung aus:
Kommt man missgestimmt nach Haus,
erlöst und befreit uns Musik ganz prächtig,
macht ansprechbar uns und wieder bedächtig.

Machst du in einer Gruppe Musik,
begeistert dich das und bringt großes Glück,
es gibt dir Entspannung, befreit deine Seele,
der Klang des Gerätes, der Ton deiner Kehle.

Was der Einzelne unter Musik versteht,
oft meilenweit auseinander geht.
Der Eine modern, der Andere klassisch,
der Nächste liebt Schlager, Pop - rockig und rassig.
Doch man weiß, wo man singt, da lass dich ruhig nieder,
denn ein böser Mensch, der kennt keine Lieder.

In Haus und Garten

Daheim ist daheim
und so soll es auch sein,
doch nicht nur zum Ruh´n,
es gibt stets was zu tun.

Und schon ist es klar,
hier wächst die Gefahr:
Ist die Vorsicht auch lästig,
handle klug und bedächtig.

Meide Drehstuhl und Hocker,
denn die stehen meist locker.
Von der Leiter zu stürzen
kann das Leben verkürzen.

Fällt das Licht einmal aus,
schraub die Sicherung raus,
denn wer sehnt sich denn schon
nach ´nem Schlag von dem Strom?

Bastelst du in dem Keller,
eine Lampe macht´s heller.
Dann brauchst du beim Suchen
auch nicht so laut fluchen.

Vor Verbrennung bewahre
deine Augen und Haare,
auch die lieben fünf Finger
achte niemals geringer.

Beim Hämmern und Sägen,
beim schnellen Bewegen
von Maschinen, acht´ drauf,
deine Haut reißt schnell auf.

Fällt der Hammer mal runter,
stell die Füße nicht drunter.
Es ist auch viel besser,
du greifst nicht in ein Messer.

Im Garten, am Auto, im Haus und zu Tisch
gibt es viele Gefahren und die lauern auf dich,
und schnell ist der Körper dabei auch lädiert,
dann musst du zum Arzt, der dies wieder kuriert.

Glaube und Gebet

Ich weiß es nicht, ich glaub es eben,
so sagt man oft in seinem Leben.
Damit befindet man sich schon
im Traumbereich der Illusion
und legt sich dies und das zurecht,
wie man es gerne haben möcht.

Der religiöse Mensch jedoch
lebt unter seinem Glaubensjoch,
geführt davon und wohl geleitet,
in seinem Leben stets begleitet,
was Geisteseinfluss bestens schafft:
Zufrieden, fest und voller Kraft.

Wer seinen Zweifel runterschraubt
und fest an seinen Glauben glaubt,
mit diesem einen Halt besitzt,
der ihn in seinem Leben stützt,
der akzeptiert an jedem Tag
das Schöne und den Schicksalsschlag.

Durchzieht die Freude mal sein Herz
oder trifft ihn tiefer Schmerz,
verliert er seinen Arbeitsplatz,
greift eine Krankheit in ihm Platz,

zerbricht vielleicht sein ganzes Glück,
zieht er sich zum Gebet zurück.

Nun muss sein Glaube sich beweisen,
er öffnet seiner Seele Schleusen
und fragt in einem Puzzlespiel
nach Schicksal und nach dessen Ziel.
Voll Demut stellt er seine Fragen:
Warum muss ich dies Leid ertragen?

Dann setzt er sich ganz ruhig hin,
die innre Einkehr nur im Sinn,
er sucht und findet hier im Leben,
was ihm schon oft viel Kraft gegeben.
Gedanken schießen durch den Kopf
und packen ihn an seinem Schopf,
erheben ihn mit Rat und Tat,
wohl dem, der einen Glauben hat.

Die Krankheit

Der Mensch wird krank und fühlt sich schlapp,
die Lebensgeister fallen ab,
da weiß er: Das muss ich kurieren
und will es erst mal selbst probieren.

Obwohl so schlapp und furchtbar krank,
schleppt er sich nun zum Bücherschrank,
dort steht als neue Buchausgabe:
"Erkenn´ die Krankheit, die ich habe".

Er liest, vergleicht, analysiert,
was in dem Körper ist passiert,
nimmt Illustrierte noch zu Rat
und weiß bald was er wirklich hat.

Sein Fieber hat er auch gemessen,
hat lange auf dem Klo gesessen
und seinen Stuhl in seiner Farbe
verglichen mit der Buchangabe.

Dann inspiziert er seine Haut,
sich tief in seine Augen schaut,
drückt hier und da an sich herum,
macht die Gelenke grad und krumm.

Nun öffnet er noch seinen Mund
und kontrolliert dabei den Schlund,
dann streckt er seine Zunge raus,
sie ist belegt, es ist ein Graus.

Er hat auch starken Mundgeruch
und damit Angaben genug,
zu wissen, was er wirklich hat
und fragt sein Buch dafür um Rat.

Jetzt wird erst einmal selbst kuriert
und ausprobiert, was dann passiert.
Ist diese Selbstfindung geschehen,
muss er zur Apotheke gehen.

Dort trägt er selbstbewußt, gerissen
vor sein ganzes Krankheitswissen,
er kriegt fünf Pulver aus dem Schrank,
weiß jetzt genau: Ich bin sehr krank.

Die Apotheke

Ein großes "A" gibt davon Kunde,
hier wohnt der Chef der Pflanzenkunde,
hat tausend Töpfe, Flaschen, Becher
und mindestens so viele Fächer.

´Nen großen Garten hat er auch,
mit Blumen, Kräutern, Baum und Strauch,
die pflückt er, presst es, konzentriert,
was so zu seinem Grundstoff führt.

Aus vielen selbstgezog´nen Sachen
kann er Arzeneien machen.
Als Salbe, Umschlag, Tropfen, Bad,
ein Tee auch gute Wirkung hat.

Hat Konzentrate, viel Chemie,
in seinem Mörser rührt er sie
nach Rezeptur mit dem Pistill,
wie der Arzt es haben will.

Als Spezialist ist er bekannt,
wurd´ Pillendreher auch genannt,
die Apotheke bietet an,
was der Gesundheit dienen kann.

Es produziert die Pillen heut
in der Fabrik der Pharmazeut,
gibt sie dem Apotheker aus,
der stapelt sie in seinem Haus.

Leicht erkrankt, kriegt man schnell Rat
vom Apotheker, der dann hat,
um die Gesundheit bald zu retten
wirkungsvoll Spezialtabletten.

Er hilft auch in prekären Fragen,
Liebes-, Schmerz- und Seelenlagen,
sein Angebot ist groß und richtig,
der Apotheker ist sehr wichtig.

Vom ersten Tag an hat er schon,
als selbstbewusster Ökonom,
für hochgesunde Volksgenossen
die Drogerie gleich angeschlosssen,
die Vorteil mit gesunden Dingen
ihm und auch dem Kunden bringen.

Die Chemie

Nachdem die Pflanze extrahiert
und deren Wirkstoff ausprobiert,
wurd´ dieser dann mit aller Macht
in Tablettenform gebracht.

Praktisch, klein und konzentriert,
die Pille wird zum Mund geführt
und schon geht ihre Wirkung los,
das Ergebnis ist famos.

Schwupp, ganz schnell noch eine rein,
mit guter Wirkung und so klein,
doch bald merkt man, es ist verflucht,
man hängt an der Tablettensucht.

Was uns zwar mit dem Schmerz versöhnt,
wir sind an Pillen jetzt gewöhnt
und schlucken diese froh und munter
bei Bedarf ganz schnell mal runter.

Die Leber aber schmerzlich ahnt,
was sich in Kürze da anbahnt,
von zuviel Giften überfüllt:
Die Leberzelle wird gekillt.

Dagegen hilft erneut Chemie
bezogen aus der Pharmazie,
wir schlucken selbstverständlich,
doch ist der Kreislauf endlich.

Der Körper reguliert allein,
lässt uns gesund und krank mal sein,
im Auf und Ab von dem Geschehn
stärkt er das Immunsystem.

Weil es Gesundheit uns verspricht
sehn wir die Nebenwirkung nicht,
die Leber als Chemielabor
kommt uns als Abfalleimer vor.

Heut wird bei Krankheit unverdrossen
jeder Keim gleich abgeschossen:
Wir glauben an die Pharmazie,
die Leber und an die Chemie.

Der Arzt

Der Arzt ist sehr hoch angesehn
in seinem Kurativ - Geschehn
und wie halt jeder Kranke weiß,
erscheint er meist steril in Weiß.
Voll Hoffnung geht der Mensch zu ihm,
legt seinen Körper vor ihn hin,
denn er braucht Hilfe, er ist krank,
so liegt er hilflos auf der Bank.
Er schaut sich nun das Zimmer an,
´nen Knochenmann erspäht er dann,
die Darstellung vom Körperbau
hält den Doktor sicher schlau.
Jetzt tritt derselbe in Aktion,
an seinem Blick merkt man es schon.

Der Körper liegt hier wie ein Trog,
vor ihm der Arzt als Katalog,
der wälzt nun geistig Diagnosen,
mal mit - itis, mal mit - osen,
fühlt Puls, fühlt Haut, fasst alles an,
was an dem Körper so ist dran,
drückt hier und da, horcht ihn auch ab,
erkennt bald wo er krank und schlapp,
das Stethoskop ist stets dabei,
natürlich auch ein Butterfly,
der Blut entnimmt dem kranken Täter
für unbedingte Parameter.

Urin und Stuhl, dann Ultraschall
und auch rektal auf jeden Fall.
Bei Frauen heißt es aufgepasst,
dass man das richt´ge Loch erfasst.

Den Mund, die Skleren und das Ohr
nimmt er sich als Nächstes vor,
die Wirbelsäule wird beklopft
und kontrolliert, dass vorn nichts tropft.
Die Leber wird dann noch verschoben,
die Niere kriegt ´nen Schlag von oben,
der Blutdruck stimmt, das Herz schlägt wild,
jetzt gibt es noch ein Röntgenbild.
Dann ist die Diagnose klar,
was immer schon vermutet war,
ist manifest, wird therapiert,
der Kranke hat es auch kapiert,
wenn er sich gleich nach Hause schleppt,
steht alles drauf auf dem Rezept.

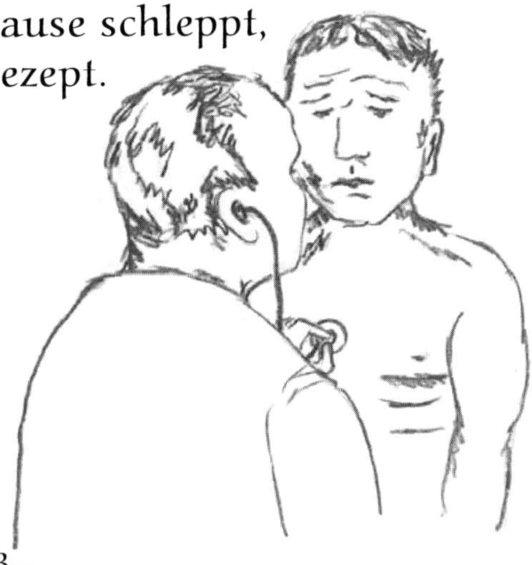

Die Ärztin

Dann wurd es mir ums Herz ganz warm,
die Ärztin kam mit ihrem Charme,
zum Einblick in die Weiblichkeit
trug sie den Kittel auf und weit.

Die Haare hübsch zurecht gemacht,
mit weißen Zähnen wenn sie lacht,
die Stimme klang so sanft und lieb,
als sie die Anamnese schrieb.

Sie stellte ganz gezielt die Fragen
und ich mußt´ brav die Antwort sagen.
Das "Werkzeug", das sie mit sich schleppt,
ist Stethoskop, Uhr und Rezept.

Sie untersucht mit strengem Blick
und rollt mich vorwärts und zurück,
klopft hier, drückt da und hört mich ab,
was ich denn wohl für Leiden hab.

Ist diese Inspektion beendet,
wird viel Technik angewendet,
Sono, Röntgen und Labor
zaubern viele Werte vor.

Sie durchforscht mit frischem Mut
Speichel, Harn, auch Stuhl und Blut,
ist dies alles wohlgetan,
ordnet sie Diverses an.

Sie verschreibt nun Saft und Pillen,
um Leiden und den Schmerz zu stillen,
sie sollen auch den Blutdruck senken
und ein langes Leben schenken.

Der netten Ärztin kann man trauen,
sie schenkt Kraft und viel Vertrauen,
vergibt mit Sanftmut und Geduld
des Patienten sünd´ge Schuld.

Die Ärztin scheint fast gottesgleich,
sie macht die Seele voll und reich,
nur einer stöhnt, ihr Ehemann,
sie ordnet auch zu Haus stets an.

Die Ärztegruppen

Vereint sind sie, solide, bieder
wie die lieben Logenbrüder
als Neuro-,Cardio-, Otologe,
als Prokto-, Radio-, Urologe,
als Patho-, Cyto-, Nephrologe,
als Pulmo-, Phlebo-, Rhinologe,
die Liste stimmt uns froh und heiter
und ginge auch noch lange weiter.

Die größte von der Ärztegruppe
stellt im Krankenhaus die Truppe.
Der Chefarzt führt die Mannschaft an,
dann kommen Oberärzte dran,
danach bevölkern die Station
normale Arbeitsärzte schon,
als Assistenten eingesetzt
werden sie herumgehetzt.
Ein AiP macht niemals schlapp
und schließt die Hierarchie dann ab.

Die Facharztgruppe, elitär,
weiß von der Krankheit etwas mehr,
die den Menschen mal ereilt
und hat den Körper aufgeteilt

in Lunge, Nase, Auge, Herz,
in seine Krankheit und den Schmerz,
in Frauenleiden, Psyche, Haut,
auch endoskopisch wird geschaut,
sie sind fixiert auf ein Organ
und parametern dieses an.

Der Hausarzt aber ist ein Mann,
der alles weiß und alles kann,
ist Anlaufstelle, die man kennt,
Vertrauenspol für den Patient -
und weiß er wirklich mal nicht weiter,
schickt er den Kranken einfach weiter.

Der Beste ist der Internist,
der glaubt, dass er der Schlauste ist,
der Chirurg denkt dieses auch,
wenn er messert durch den Bauch,
am Ende von der Ärzteschar
der Augenarzt zu finden war.
Nur der Patient, in jedem Falle,
weiß, ich brauch´ die Ärzte alle.

Die Ärzteschaft

Die Ärzteschaft, vereint als Clique,
tut geeint sich manchmal dicke,
sie stehen wie am Rhein die Wacht
und zeigen dabei ihre Macht,
wenn es um ihre Pfründe geht
und die Welt sie nicht versteht.

Dabei sind sie, wie jeder weiß,
stets konzentriert und voller Fleiß,
sie arbeiten bei Tag und Nacht
und werden um den Lohn gebracht,
der ihnen sicher zugesteht,
wenn es nach ihrem Einsatz geht.

Ihr langes Studium war beschwerlich
und sagen wir es mal ganz ehrlich,
wer nun an ihrem Lohn rumschneidet,
weil er sie um das Geld beneidet,
das sie nach Ausbildungsprämissen
jetzt zu Recht verdienen müssen,
der will nur das System erhalten
und alles, nur nicht sich verwalten.

Die Ärzte haben allemal
eine Menge Personal,
sie müssen fleißig investieren
soll die Praxis sich rentieren.

Versicherungen, Nebenkosten
lassen keinen Arzt einrosten -
von morgens früh bis Praxisschluss
weiß er wofür er schaffen muss.

Meint auch der Kassenfunktionär,
er weiß es besser und noch mehr
und sieht die Leistungsgrenze nicht,
derweil der Krug in Scherben bricht -
der hofft, wenn er liegt krank im Bett
ach, wenn ich ´ne Private hätt´.
Dann gilt der Heilkunst all sein Dank -
und Menschen werden immer krank.

Doch kaum zu Haus und gut genesen,
weiß er was alles falsch gewesen.
Er überlebte diesmal nur
dank seiner strotzenden Natur.

Der Zahnarzt

Setzt du dich beim Zahnarzt nieder
schlottern dir schon alle Glieder,
der Stuhl ist schön und sehr bequem,
am schönsten beim "Auf Wiedersehn".

Doch jetzt sitzt du erst einmal drauf
und sperrst dein Mundwerk tapfer auf -
den Stuhl hat achtsam man bewegt
und dich ganz flach so hingelegt.

Den Speichelzieher in dem Mund,
die Absaugung bis in den Schlund,
die Helferin sagt dann ganz hohl:
"Ich hoffe sehr, sie fühl´n sich wohl".

Warum der Weg mich hergeführt:
Die Zähne werden inspiziert,
das Zahnfleisch und der Zahnstein dann
kommen zur Kontrolle dran.

Zuerst mit Ultraschall wird jetzt
der Zahnstein ganz schnell weggefetzt -
nun ist das Mundwerk wirklich sauber,
der Zahnarzt startet seinen Zauber.

Die Spritze sitzt, das Loch im Zahn
kommt mit einer Füllung dran.
Die Turbine spritzt und jault,
entfernt wird was da hingefault.

Der Nebel steigt, es stinkt und spritzt,
bis die Füllung endlich sitzt.
Mit Halogenlicht wird gehärtet
und das Meisterwerk bewertet.

Glück gehabt für dieses Mal,
zu ertragen war die Qual,
keine Brücke für die Lücke -
gänzlich ohne - eine Krone.

Der Zahnarzt ruft noch hinterher
keine Schokolade mehr -
merk, es ist von großem Nutzen,
sich die Zähne gut zu putzen.

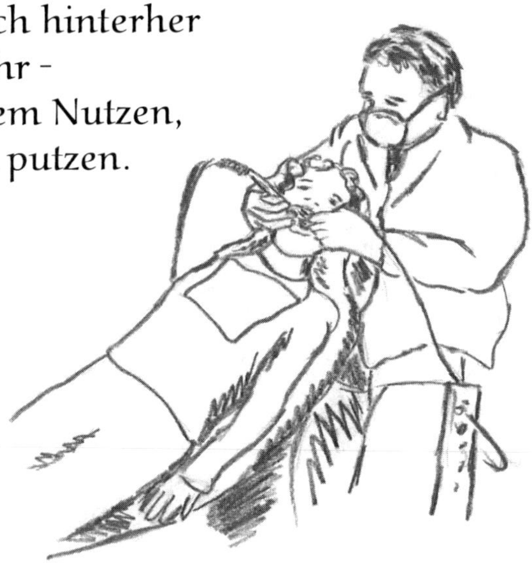

Die Praxis

Erwartungsvoll trittst du hier ein
und legst deinen Krankenschein,
lächelnd mit ´nem netten Satz,
der Helferin auf ihren Platz.

Das Ambiente ist famos,
in dieser Praxis ist was los,
die Aufmachung zeigt dir schon auf,
dieser Doktor hat was drauf.

Adrett und höflich allemal
ist das Praxispersonal,
sind mit dem hübschen, frohen Wesen
schon Teil der Therapie gewesen.

Geschmackvoll, hell, modern und sauber
in dem kurativen Zauber
kommst du ins Behandlungszimmer
und dein Magendruck wird schlimmer.

Alles ist hier blitzeblank,
ein frisches Tuch auf deiner Bank,
der Raum ist gut klimatisiert,
dass keiner schwitzt und keiner friert.

Du machst dezent dich etwas frei,
dann eilt der Doktor schon herbei,
nimmt Instrumente von dem Tisch,
alles, alles nur für dich.

Er untersucht, er schallt und misst
was krank und was gesund noch ist.
Hightech-Geräte stehen stumm
hilfsbereit um ihn herum.

Du denkst an den PC zu Haus
und rechnest dir ganz schnell mal aus,
was kostet denn so ein Gerät,
das hier in diesem Zimmer steht.

Teppichböden, Möbel, Bilder,
Gardinen, Interieur und Schilder
sorgen in gehobner Sphäre
für gute Praxisatmosphäre.
Doch das Wichtigste darin,
das ist die gute Medizin.

Die Arzthelferin

Am Busen trägt sie ein Schildchen mit Namen,
sonst Zeichen von wichtigen Vorzimmerdamen,
hier zeugt es von Planung und Macht zugleich
über Praxisablauf und Patientenreich.

So stehst du vor der Hübschen und Heren
und schilderst ihr erst einmal dein Begehren,
sie schaut dich dabei recht kritisch an,
ergründet was an den Beschwerden dran.

Bevor dich das weitere Schicksal ereilt
wirst du in den Ablauf nun eingeteilt,
sie tut dies freundlich und mit viel Charme,
jetzt wird es dir um das Herz ganz warm.

Dies nette Mädel, so adrett und so jung,
sie hält die ganze Praxis im Schwung,
sie lächelt, beruhigt mit ´nem freundlichen Wort
und eilig ist sie schon wieder fort.

Sie empfängt die Patienten, sie nimmt diese auf,
sie schreibt Personalien fein säuberlich auf,
hat grob anamnestisch dabei schon ergründet
warum man sich hier in der Praxis befindet.

Zum allgemeinen Schmerzensgewimmer
begibst du dich nun in das Wartezimmer,
schaust dir die Mitleidenden eingehend an
und erhoffst ganz sehnlich, dass du sehr bald dran.

Die nette Maid ist dann gekommen,
hat dich zum Doktor mitgenommen,
der untersucht und therapiert,
du hast die Hälfte nur kapiert.

Die Helferin erklärt dir nun
was zu machen und zu tun,
sie händigt das Rezept noch aus
und schickt dich mit Termin nach Haus.

Die Helferin hat mit Bedacht
dir den Arztgang leicht gemacht,
doch war sie grob und kurz gewesen,
dann war sie eine dieser Besen.

Der Termin beim Arzt

Termin hast du beim Arzt bekommen
und hoffst dort pünktlich dranzukommen.
Überpünktlich warst du da
und hockst in der Patientenschar.

Du hattest clever dir gedacht,
ich nehme den Termin um acht,
da fängt der Doktor grad erst an
und ich bin deshalb auch schnell dran.

Jetzt aber siehst du kummervoll,
das Wartezimmer ist schon voll,
ob die wohl alle diese Nacht
mit Schmerz und Kummer zugebracht?

Der eine stöhnt, der andre hustet,
du wirst nun bakteriell bepustet,
du atmest kurz und hörst dir dann
deren Leiden alle an.

Der Dicke mit den roten Augen
kann an der Arbeit heut nichts taugen,
er wird noch nicht ganz nüchtern sein
und braucht den gelben Urlaubsschein.

Dann hörst du dich dezent mal um
in diesem Sammelsurium
und hast dann recht bald festgestellt,
fünf Leute sind auf acht bestellt.

Jetzt trifft der Doktor endlich ein,
er konnte heut nicht pünktlich sein,
der Verkehr hat ihn gefoppt,
an jeder Ampel abgestoppt.

Doch nun mit Schwung und viel Elan
packt er die Tagesarbeit an.
Er parametert, therapiert,
was wieder zu Terminen führt.

Die Helferin hat dann um acht
den Termin für dich gemacht
und sagt sie müssen pünktlich sein,
denn der ist für sie allein!
Du zweifelst, denn du kennst dies schon:
Die Praxisorganisation.

Der Heilpraktiker

Wer ängstlich zu den Ärzten schaut
und diesen nicht so recht vertraut,
weil er befürchtet, dass die Brüder,
legt er sich erst bei ihnen nieder,
ergreifen zielbewusst und schnell
Spritze, Endoskop, Skalpell,
um in den Körper einzudringen
und die Krankheit rauszubringen.

Darum weicht er gerne aus,
sucht den Heilpraktiker sich raus,
erzählt ihm alle seine Leiden,
umfangreich und nicht bescheiden.
Der hat viel Zeit und hört in Ruh´
den angehäuften Leiden zu
und testet, prüft und schaut auch dann
sich die Iris gründlich an.

Mit Röhrchen nun auf Stirn und Rücken
muss er dreimal tief sich bücken,
nach Haar- und nach dem Speicheltest
steht die Diagnose fest.
Doch bevor die wird verkündet,
wird exakt dann noch ergründet,
ob sich im Magnetfeldtest
eine Störung finden lässt.

So durchforscht und inspiziert,
wird heilpraktisch therapiert,
mit Tees, mit Salben, Kräuterbaden,
mit Tröpfchen, die es in sich haben,
mit Bestrahlung, Frischzellkur,
erfolgreich ist Akupunktur,
heiße Wickel und Kompressen
lassen bald das Leid vergessen.

Du bist erleichtert, fühlst dich gut,
hast wieder neuen Lebensmut
und hoffst, der ganze Leidensdreck
ist in Kürze gänzlich weg.
Gesunden wird man sicherlich,
liegt die Rechnung auf dem Tisch -
die stärkste Wirkung auf der Welt
erreicht man oft und schnell mit Geld.

Die Physiotherapie

Der Vorgang erfüllt uns mit Kraft und mit Schwung,
er gibt neue Stärke und macht wieder jung,
denn Physis heißt Kraft, Therapie auch die Tat,
die erfährt man, wenn man ein Zipperlein hat.

Sind die Sehnen verkürzt, du hast Schmerzen beim Gehen
die Gelenke sie knacken, schon beim Kopfherumdrehen
bist du muskelgeschwächt und gelenkreduziert,
dein Weg dich zuerst in die Arztpraxis führt.

Du kriegst ein Rezept mit Verschreibungen drauf,
den Physiotherapeuten suchst du damit auf,
der wird mit Bewegung, Strecken und Bücken
dein Fahrgestell lockern und dich so beglücken.

Du hörst auf Kommando, bewegst dich im Takt
und wenn er dir in die Muskeln noch packt,
dann spürst du, dass du als ein Lebewesen
bist steif und faul, darum krank jetzt gewesen.

Bewegung ist Leben, du wirst hingetrimmt,
auch geistig gekräftigt darauf eingestimmt -
sind Körper und Geist therapeutisch bekehrt,
dann übst du allein und bestimmt auch vermehrt.

Ganz eifrig machst du alle Übungen mit,
erkennst deine Schwächen, dein Defizit
und kämpfst nun verbissen dagegen an,
ach, hättest du früher doch etwas getan.

Du erfährst einen Aufbau an Seele und Kraft,
mit viel Zuspruch und Übung wird dieses geschafft,
dein Wille dabei ist jedoch äußerst wichtig,
dann läuft die Bewegung schon bald wieder richtig.

Mit Einfühlung, Können, mit zielvollem Plan
fängt jede der Übungsstunden erst an -
dein Körper wird bald wieder leicht und beweglich,
gestaltet dein Leben so schmerzfrei erträglich.

Ohne Hilfe von außen schaffst du dieses nie,
hoch lebe die Physio und die Therapie
und die hübschen und sehr engagierten Damen,
zu deren Behandlung wir gerne kamen.

Der Krankengymnast - die KG

Mal ist er in Ruhe, doch meistens im Brast
der zwanzig-minütige Krankengymnast.
Die Krankengymnastik, sie lässt ihn nicht ruhn,
drei Patienten pro Stunde, da gibt´s viel zu tun.

Sein Tätigkeitsfeld wird KG auch genannt,
als kalt und grausam ist dieses bekannt
und manchmal, ja da agiert er auch so,
Erfolg kommt durch Einsatz und Einsatz macht froh.

Begrüßung und Lagern, die kosten schon Zeit,
dann steht der Akteur für die Übung bereit.
Behutsam bewegt er die Arme und Beine,
der Kranke kann dieses nicht mehr alleine.

Spreizen und strecken und schließen und dehnen
sind sinnvoller Aufbau für Muskeln und Sehnen,
dann wird, was von größerem Einsatz auch zeugt,
die Wirbelsäule gelängt und gebeugt.

Die Hüfte, den Rumpf, die Schulter, den Hals,
sie alle bewegt er nun ebenfalls.
Zuerst nur ein wenig, dann weiter und mehr,
der erhoffte Erfolg geht halt damit einher.

Der Ball wird geworfen, der Reifen erfasst,
weil das so schön zu dem Übungsziel passt,

am Barren marschiert, an der Sprossenwand
gibt´s herrliche Übungen, grad für die Hand.

Dann muss man sich auch an der Sprossenwand recken,
auf einem Bein stehn und das andere strecken,
den einen Arm grade, den andern nach oben,
Artist sein ist lustig, man muss es nur proben.

Ist der Behandler hochmotiviert,
wird der Patient zu Erfolgen geführt.
Der andre jedoch übt mal hin und mal her,
dann weiß er schon keine Übungen mehr.

Der Kranke muss selbst starken Einsatz auch zeigen,
bereit sein, beim Üben ein bisschen zu leiden,
dann merkt er, dann fühlt er, dann sieht man ihm an,
er selbst hat sich einen Gefallen getan.

Die Wassertherapie

Ohne Wasser gibt´s kein Leben,
du musst´ deinem Körper geben
mindestens zwei Liter täglich,
dann ist ihm das Leben möglich.

Mit Tee und Kaffee fängst du an,
dann kommen Saft und Cola dran -
du füllst dann in des Tageslauf
je nach Geschmack dies Konto auf.

Was du bisher für dich gemacht,
war gut und innerlich gedacht -
du füllst den Wasserpegel auf
und hältst dein Wasserwerk im Lauf.

Jedoch die Wassertherapie
wirkt äußerlich, vergiss das nie.
Da kannst du einmal Wassertreten
und Kneip´sche Güsse dir erbeten.

Du kannst im seichten Wasser gehen,
die Wasserdüse auf dich drehen,
der Wasserfall fällt auf dich nieder
und massiert dir deine Glieder.

Du kannst dich dann noch bestens trimmen
durch langgestrecktes Rückenschwimmen,
die Atemtechnik wird trainiert,
was zur Entspannung in dir führt.

Der Auftrieb nimmt Gewicht dir weg,
ein bisschen trägt dein eig´ner Speck,
mit leichtem Arm- und Beineschlag
das Wasser dich zu tragen mag.

Du übst noch an der Schwimmbadstange,
machst Arm und Beine kurz und lange,
du spreizt und schließt, du hebst und senkst,
bis du die Schritte heimwärts lenkst.

Ein andrer läuft im Wattenmeer
bei Ebbe dauernd hin und her.
Der Seebär hat sein Wasser mit,
er trinkt am liebsten Aquavit .

Die Haut

Dem Säugetier wächst oft recht schnell
ein dichtes und sehr schönes Fell,
die Tiere kuscheln sich ganz munter
bei der Mutter wärmend unter.

Der Mensch erhebt sich von den Tieren,
dafür muss er aber frieren.
Wenn man das Kleinkind sich beschaut:
Rundherum nur rosa Haut.

Der Geist uns von den Tieren scheidet,
darum wird man warm bekleidet
und diese grenzt jahrein, jahraus
uns deutlich von der Umwelt aus.

Beim Mensch zu Wohlgefühlen führt,
wenn er Hautkontakte spürt,
das Baby legt schon seine Glieder
wohlig an dem Busen nieder.

Als Kind lässt es sich gerne drücken,
verinnerlicht dies mit Entzücken,
genießt die liebevollen Hände
mit Trost und Zuspruch ohne Ende.

Der pubertäre Mensch sodann
fasst liebend gerne Haut jetzt an,
erfährt des Partners Körperwärme
und Hummelbrummeln im Gedärme.

Wenn ihn die große Liebe packt,
dann sucht er dauernd Hautkontakt,
merkt, dass er Glück und Freude findet,
wenn sich Haut mit Haut verbindet.

Später bringt die Haut in Trab
Pflege, Schminke und Makeup,
und trotzdem kriegt bei allen Alten
unsre Haut dann langsam Falten.

Jetzt nutzt kein liften oder cremen,
man muss den Altersvorgang nehmen,
am Kinn, Bauch, Po, die vielen Falten
sind ein Zeichen von den Alten.
Die schöne, straffe Haut schlafft ab,
man sagt ganz schlicht: Der Lack ist ab.

Die Sauna

Man sauniert in einem Raum,
man sitzt und liegt, bewegt sich kaum
und kann aus Poren und aus Ritzen
unentwegt und mächtig schwitzen.

Egal ob Feuchtsauna, ob trocken,
man wird in diesem Kasten hocken
und kann recht bald am Körper spüren,
man muss gewaltig transpirieren.

Die Römer haben´s schon gemacht,
die Finnen tun es Tag und Nacht,
erwiesen hat sich auf der Welt -
nur gut ist, was sich lang erhält.

Nach warmem und dann kaltem Duschen
kann man in die Sauna huschen,
nur eine Viertelstunde lang
macht man so nun Gang um Gang.

Nach jedem Gang, den man so tut,
wird erst geduscht und dann geruht -
der große Durst wird auch gestillt,
mit Saft und Wasser aufgefüllt.

Man schwitzt ´ne Menge "Schlacke" raus,
die Haut wird weich, sieht rosig aus,
immunsystemisch aufgefrischt
beim Schwitzen solo und gemischt.

Verloren ist die Immunität,
weil nackt die in der Sauna steht,
so wird ein jeder auch beschaut
wie er aussieht und gebaut.

Viele bauten sich zu Haus
einen Raum zur Sauna aus,
im Familienkreis man sitzt,
während man erzählt und schwitzt.

Dabei stellt sich bestens fest,
dass sich hier gut reden lässt -
man weicht nicht aus und spricht ganz offen,
wovon im Alltag man betroffen.

Die Massage

Ist dein Selbstgefühl entwertet,
deine Muskeln all verhärtet,
die Gelenke knarrend steif,
bist du für Massagen reif.

Mit Rotlicht wärmt man dich nun an,
dann wird dir Creme aufgetan -
auf deinem Körper gut verteilt,
der nun der Massage weilt.

Flinke Finger, weiche Hände
bestreichen dich nun ohne Ende -
einmal fest, dann mit Gefühl,
dich weich zu machen ist das Ziel.

Die Muskeln werden durchgewalkt
und sicherlich dabei entkalkt,
du spürst nun auch der Finger Kraft,
wenn man an deinem Körper schafft.

Die Wirbelsäule rauf und runter,
du spürst die Dornfortsätze drunter,
die Schulter und der Rippen Lauf
sucht man mit den Fingern auf,
die Muskeln an dem steifen Nacken
sind gefühlvoll auch zu packen.

Beine, Füße, Arme, Hände
bearbeitet man ganz behände,
ist der Knochen dann erreicht,
bist du muskulär erweicht.
Dann bricht die Massage ab,
du bist erholt, doch sichtlich schlapp.

Ja, männlich ist stets der Masseur,
bei Frauen differiert es mehr -
Masseurin und Masseuse kunden
von ganz andern Einsatzstunden -
der Unterschied sei klar gemacht,
es ist der zwischen Tag und Nacht.

Die Krankenkassen aber wissen,
was sie nicht bezahlen müssen:
Auch wenn es mancher Mann gern mag,
er kriegt Massagen nur am Tag.

Lebenslauf und -glück

Ohne Verdruss
ist der Lebensgenuss,
wenn du noch ganz klein
und so soll es auch sein.

Dann spielst du herum,
nimmst keinem was krumm -
dein einziges Ziel
ist Essen und Spiel.

Die Schulzeit beginnt,
manche Freude zerrinnt,
du nimmst alles hin,
hast oft andres im Sinn.

Der Hochfreude Hort
ist die Freundin und Sport -
sich auch mal zu begießen
und die Freizeit genießen.

Der Genuss im Leben,
der ändert sich eben -
was du grad noch getan,
widert morgen dich an.

Was noch gestern verpönt,
damit bist du versöhnt -
du kriegst neue Interessen
und kannst alte vergessen.

Liebe und Geld
sind das Höchste der Welt.
Dann bist du ganz spitz
auf Erfolg und Besitz.

Du kannst kaum erwarten
ein Häuschen mit Garten,
Familie und Kinder, des Abends ein Wein,
das könnte die höchste Glückseligkeit sein.

Doch dann wirst du älter,
etwas steifer und kälter -
du denkst nun zurück:
Was war denn das Glück?

Das Wetter

Einst pflegte man dann aufzustehn,
wenn morgens früh die Hähne krähn
und legte seine müden Glieder
bei Mondaufgang und Dämmrung nieder.

Man voller Schwung und Einsatz war
wenn der Himmel blau und klar,
besonders wenn die Sonne lachte,
die Arbeit große Freude machte.

Doch wenn der Himmel Wolken schiebt
war die Stimmung schon getrübt,
dann lief die Arbeit langsam ab
und man kam nicht recht in Trab.

Gab´s dann auch noch Sturm und Regen,
lag auf der Arbeit gar kein Segen,
es führt zu Unlust und Verdruss,
wenn man im Freien schaffen muss.

Heut in Gebäuden und in Hallen
bringt das Wetter kaum Missfallen,
sie sind geheizt, klimatisiert,
so wird das Wetter kaum gespürt.

Jedoch der Mensch mit kranken Knochen,
noch ist er nicht dem Bett entkrochen,

beschreibt und fühlt die Wetterlage,
Vorhersage an diesem Tage.

Migräne, Kopf- und Rheumaschmerzen,
subtile Stiche an dem Herzen,
Ohrensausen, Augenflimmern,
das Lebensende droht zu schimmern.

Wenn dann die Sonne wieder lacht
ist alles wieder gut gemacht,
jeder Missmut ist zerronnen,
der Wettereinfluss hat gewonnen.

Die Stimmung steigt, die Menschen lachen,
so kann das Leben Freude machen,
die Blumen stehn in voller Pracht,
das gute Wetter hat´s vollbracht:
Drum mach es wie die Sonnenuhr
und zähl die schönen Stunden nur.

Das Geld

Beruhigend ist es und sehr gut,
wenn man Geld besitzen tut -
bringst du es auf eine Bank,
wird es dick, auch manchmal schlank.

Charakterschädlich ist das Geld,
beschädigt manches in der Welt,
hat manchem, der zu Geld gekommen,
ein bisschen den Verstand genommen.

Der glaubte, weil er Geld besaß
an sich in großem Übermaß,
war arrogant und stolz zugleich
und zeigte allen, dass er reich.

Mit Geld kannst du ganz prima schmieren,
das öffnet dir dann viele Türen,
so kannst du auf dem Umweg Geld
erreichen, was dir wohlgefällt.

Wer Geld hat und gibt dieses aus,
der lebt einher in Saus und Braus,
er kennt die geldliche Verführung,
im Luxus jegliche Schattierung.

Willst du mit teuren Autos flitzen,
musst du auch viel Geld besitzen,
golfen, reiten und viel reisen,
werden dich als reich ausweisen.

Der andre kommt auf dieser Welt
grad so hin mit seinem Geld,
er teilt es sparsam auf und ein
und wird trotzdem glücklich sein.

Reich an Frohsinn, reich im Herzen,
kinderreich mit Leid und Scherzen,
reich an Ideen und Verstand,
das sind die Reichen hier im Land.

Dereinst bist du ganz nackt gekommen,
genauso wirst du fortgenommen,
ob klein, ob groß, ob arm, ob reich,
im Himmel sind doch alle gleich.
Und dort fragt man nicht nach Reichtum und Geld,
nur nach Güte und Anstand auf dieser Welt.

Das Internet

Die Elektronik steht bereit,
verändert unsre ganze Zeit,
verschiebt der Jugend freies Leben
und kann großen Einfluss geben.

Der Mensch, der heut was auf sich hält,
erfährt im Internet die Welt
und sitzt stundenlang davor,
wie ein Hofhund vor dem Tor.

Kaum dass er zu Hause ist,
er Zeit und Raum total vergisst,
der PC summt vor sich hin,
hat so viel Neuigkeiten drin.

Zuerst schaut man ganz allgemein
in das Zeitgeschehen rein,
Politik, Skandale, Sport
im Heimatland, am fernen Ort.

Beziehungsdramen, Schauspielfrust,
Sehnsucht mit und ohne Lust,
alles kann man hier erfahren,
die Zeitung kann man sich ersparen.

Der Oldtimer wird dann entdeckt,
der heiße Wünsche hat erweckt,
und auch die Stiluhr wird gefunden,
Sehnsuchtswunsch in vielen Stunden.

Der Schmerzzustand, den man empfindet,
wird im Internet ergründet,
dem Doktor schildert man die Plagen,
kann dessen Wissen hinterfragen.

Auch home-banking wird dann betrieben,
nichts wird mit der Hand geschrieben,
welche Aktien soll man kaufen,
wie bringt man den Dax zum Laufen.

Alles aus den Bücherecken,
umfassend die Natur entdecken,
Angebote, Wünsche, Reisen,
im Internet samt allen Preisen,
Arbeit, Essen und das Bett,
doch am liebsten Internet.

Die Uhr

Die Ahnen lebten einst allein
von Fischfang, Jagd und Sonnenschein,
von Wurzeln, Beeren, Reben,
das war ein schönes Leben.

Früher stand im Tageslauf
man einfach mit der Sonne auf
und bettete die müden Glieder,
wenn die Sonne schlief, auch wieder.

Doch heut´ wirst du zur halben Nacht
schreckhaft aus dem Schlaf gebracht,
die Uhr bestimmt den Tageslauf
und weckt dich morgens früh schon auf.

Du eilst dann schnell vom Frühstückstisch,
die Stempeluhr erwartet dich
und hältst per Uhr, das muss so sein,
auch die Frühstückspause ein.

Nach Uhrzeit kommt die Mittagspause,
nach Arbeitschluss geht's ab nach Hause,
der Bus fährt wieder pünktlich ab,
die Uhr hält dauernd dich in Trab.

Zum Arzttermin, der eingetragen,
musst du erneut die Uhr befragen,
derweil dich deine Uhr begleitet,
wirst du durch den Tag geleitet.

Du kommst dann wieder zeitgenau
zum Abholen von deiner Frau
und triffst dich dann mit deinen Lieben
im Eissalon, pünktlich um sieben.

Zeitgeführt kommst du nach Haus
und ruhst dich fünf Minuten aus,
die Tagesschau beginnt um acht,
dann kommt der Krimi für die Nacht.

Es führt uns heut nicht die Natur,
es sind Termine und die Uhr.
Ordnung, Disziplin und Plan
bringt sie "zeitgerecht" uns an.

Überfluss und Not

Der Mensch erfährt fast bis zu dem Tod
mal Überfluß, dann mal große Not,
wir haben dieses besonders gesehen
beim Weltkrieg mit seinem schlimmen Geschehen.

Da aß man, was auf dem Teller drauf,
hob unter den Bäumen die Äpfel auch auf,
hat mit Erlaubnis Kartoffeln gelesen
und war im Garten stets fleißig gewesen.

Ein jeder Monat hielt bereit
die Angebote seiner Zeit,
was damals die Menschen aßen,
sie taten´s bedächtig in Maßen.

Die Not bewirkte, Gott sei Dank,
die Menschen wurden selten krank,
man ist ganz schlank herumgerannt,
der Herzinfarkt war unbekannt.

Man war bescheiden in der Not
und lebte für sein täglich Brot,
dann wurden die Zeiten besser,
die Freude hieß Gabel und Messer.

Der kommende Wohlstand, der brachte dann auch
Bluthochdruck, Herzinfarkt und einen Bauch,
er führte zu Zuckerkrankheit und Gicht,
die meisten Menschen bekümmert dies nicht.

Im Überfluss wurde getrunken, geraucht,
der neue Wohlstand so oftmals missbraucht
und später auch noch gekifft und gehascht
und gerne an fremden Frauen genascht.

Die Menschen verloren Maß und Wert
und lebten täglich unbeschwert,
es gab ja keine Sorgen,
und wenn, man konnte borgen.

Ein bisschen Besinnung täte gut,
wer weiß was den Menschen besser tut:
Disziplin und Einschränkung
oder Geld mit Ausschweifung.
Doch stets sang man: In größter Not,
da schmeckt die Wurst auch ohne Brot.

Die Genüsse des Lebens

Das Leben ist doch der schönste Genuss,
begleitet uns durch unsrer Jahre Fluss
und wird von so vielen so schändlich verkannt,
als Schicksal und Aufgabe schlicht nur benannt.

Mit Freude fängt unser Leben schon an,
als sich Ei und das Spermium zusammengetan,
die Freude erneut ist dann riesengroß,
liegt das Kind nach Geburt in der Mutter Schoß.

Gesundheit und Kraft führen sicher durchs Leben,
sie können uns darin viel Sicherheit geben,
die wir dann vereint mit Erfolg und auch Wissen
in unserm Dasein so herzlich begrüßen.

Schönheit und Anmut, Charme und auch Chic
geben den Lebensformen viel Glück,
kommt Toleranz und Charakter dazu,
fehlt nur noch Humor und harmonische Ruh´.

In der Heutzeit jedoch heißt der Lebensgenuss
überbrücken der Freizeit von sehr viel Verdruss.
Mit Alkohol, Schnaps und verschiedenen Drogen
wird der Lebensinhalt samt Mensch so belogen.

Es ist der allergrößte Hit,
man macht sich zu, egal womit,
man outet sich proletenhaft
und brüllt herum mit voller Kraft.

Das Ansehn schwindet schnell dahin,
hat man nur Genuss im Sinn -
man achtet nichts, nur sich allein
und benimmt sich wie ein Schwein.

Wer klug genug, sieht mit Bedacht
was er genussvoll hat gemacht.
Ich wünsche ihm bei dem Genuss
einen echten Wertefluss.

Denn Werte können ganz allein
Genuss und Seelenfriede sein -
dem Mensch in seinem langen Leben
Zufriedenheit und Kraft stets geben.

Die Schule

Die Schule greift tief in das Leben ein,
kann bestimmend für unseren Lebensweg sein,
denn sie trifft die Schüler in ihrer Klasse
als ungebildete, rohe Masse.

Ein begeisternder Lehrer hat, wissensgespickt,
manch` Schüler auf guten Weg geschickt,
im Unterricht, und das ist auch bezweckt,
den Einsatz des Schülers besonders erweckt.

Das kann dann als Positivum ergeben,
nicht für die Schule, er lernt für sein Leben,
schon oft wurde so ein Berufsziel bereitet,
der Schüler in seine Zukunft geleitet.

Die Schulzeit ist biologisch gesehen
eine wichtige Zeit im Entwicklungsgeschehen,
der Stimmbruch tritt ein, Hormone sie schießen
und lassen Brüste und Barthaare sprießen.

Jungen und Mädchen entwickeln Gefühle,
sie werden konträr, im Bau und im Stile,
die schulische Leistung ist dann sehr vernebelt,
weil sie von dem Umbau gefasst und geknebelt.

Dann wird in der Schule nicht aufgepasst,
denn romantische Stimmung hat sie nun erfasst,

alles ist schön, nur die Schule ist öd,
man fragt sich, warum man noch in sie geht.

Die geforderte Leistung wird selten erfüllt,
die Träume mit Filmen und Schlagern gestillt,
das Leben wär´ eigentlich wunderschön,
müsste man nur nicht zur Schule gehn.

Die Schulkameraden liefern dann noch
Anreize in diesem Lebensmoloch,
die Zeit und die Freiheiten um sie herum,
sie werfen manch Leben samt Schicksal dann um.

Eltern und Lehrer ersehnen und hoffen,
dass diese Zeit, von der alle betroffen,
geht schnell und ohne Schaden vorbei,
aus dem Entwicklungsallerlei.
Das alles kann man erst richtig ermessen,
wenn schulisch das meiste schon längst ist vergessen.

Die Erinnerung

In jungen Jahren spüren wir´s kaum,
wir leben dahin in Glück und in Traum,
wir suchen Erfolg und Betätigung
und halten das junge Leben in Schwung.

Wir erinnern uns wo´s was zu trinken gab
und wo auch bei Hunger was Essbares lag,
wir wussten wo unser Elternhaus stand
und wo sich das Bett dort zum Schlafen befand.

Was wir liebten, was wertvoll uns war,
dies immer in unsrer Erinnerung war,
doch achtete man und vergaß es auch nicht,
zu erinnern uns an unsere Pflicht.

Wir drückten die Schulbank und wurden belehrt,
damit die Erinnerung ständig vermehrt,
systemvoll mit Rechnen, mit Schreiben und Lesen,
erinnernd war das die Schule gewesen.

Man muss erst begreifen und sich dann erinnern,
mit Geisteskraft kramend, heraus aus dem Innern,
man hat sich bemüht, manche Stunde gesessen,
doch leider so vieles davon schon vergessen.

Die erste Liebe, verloschen und fern,
an diese erinnert man heut´ sich noch gern
und auch an die Träume, die man daran zollte
und was man schon damals alles tun wollte.

In Erinnerung blieben der Sport und der Tanz,
Ausflüge, Berge, der Seen Glanz.
Doch auch das Heimatbild um uns herum
blieb fest in unsrer Erinnerung.

Ereignisse voller Schrecken und Spaß
man selten in seinem Leben vergaß,
auch große Personen, Familiengeschehen,
Schicksalsschläge, die alles verdrehen.

Erinnerung vor allen Dingen
kann wertvolle Erfahrung bringen
und uns in unserm ganzen Leben
manchen guten Ratschlag geben.
Im Alter wird dann oft vermehrt
von der Erinnerung gezehrt.

Die Begegnung

Manche Begegnung beeinflusst uns sehr,
schiebt uns gedanklich und still vor sich her,
zeigt neue Wege oder macht uns betroffen,
gelegentlich gibt sie uns Kraft und auch Hoffen.

Die erste Begegnung, das ist die mit Muttern,
sie empfängt uns mit Liebe und wird uns betuttern,
wir finden das herrlich, genießen es sehr,
wir grunzen vor Wollust und möchten noch mehr.

Die ganze Familie begegnet mir lieb,
obwohl mein Geschrei sie zur Flucht manchmal trieb,
sie hat es geduldet und sicher gedacht,
ja, früher da hab ich das selbst so gemacht.

Die Oma, der Opa und alle Verwandten,
die Nachbarn und Freunde und alle Bekannten,
sie strömten abrupt in mein Leben herein,
das war immer so und wird immer so sein.

Der Nikolaus kam und das Christkind auch dann,
dem schloss sich der Osterhase bald an,
im Herbst kam St. Martin mit einer Laterne,
all diese Erscheinungen hatten wir gerne.

Wir begegneten Tieren beim Fliegen und Laufen,
wir sahen sie fressen, rufen und saufen,
betrachteten Blumen, Pflanzen und Bäume,
Natur erfüllte all diese Räume.

Wir sahen was die Technik so schafft,
erkannten der Elemente Kraft,
zeitgemäß und uns dann ganz recht
begegneten wir dem andern Geschlecht.

Mancher Lehrer hat sehr imponiert,
wenn er uns zu höherem Wissen geführt,
Musik und Kunst, Schlösser, Museen,
Kirchen und Dome, wir durften dies sehen.

Wir sahen Kostüme an Karneval,
dann Trachten und Feiern allüberall,
auch Schicksal und Krankheit, mit Leid und mit Schmerz
und manches gebrochene Menschenherz.
Wir erlebten den Tod mit des Abschiedes Wille,
begegneten Gott in Ruhe und Stille.

Fehler

Hat die Klasse einst gelacht,
wenn man einen Fehler macht,
nahm man dieses nicht so wichtig
oder machte es halt richtig.

So hat man in jungen Jahren
Spott und Häme schon erfahren,
was den Ehrgeiz dann geweckt
oder diesen ganz versteckt.

Ach, der Fehler gibt es viele,
im Beruf, bei Sport, im Spiele,
oft stellt sich ein Fehler dar,
weil man einfach schusslig war.

Ein Fehler ist auch dann passiert,
war man nicht gut informiert.
Wer einen Fehler dreimal macht,
wird bedauert und belacht.

Spielst du auf dem Instrument
Melodien, die man kennt,
und hört dabei ´nen falschen Ton,
ist´s fehlerhaft und peinlich schon.

Den Menschen wurde für ihr Leben
Ordnung und Gesetz gegeben,
erfüllt er all die vorgeschrieb´nen Sachen,
wird er kaum ´nen Fehler machen.

Von hoher Stelle, ungeniert,
wird der Mensch reglementiert,
an Geist und Körper unverholen
zu Einsatz und zu Tun befohlen.

Wenn er dabei Fehler macht
wird er anstandslos verlacht,
wird bestraft, gerügt, bedauert,
weil einer stets auf Fehler lauert.

So werden Fehler uns umweben
und unserm Leben Richtung geben.
So eifrig auch die Menschheit sei,
sie ist niemals fehlerfrei.

Träume

Die Technik lässt Maschinen laufen,
wir Menschen können diese kaufen
und sehn, wie diese produzieren,
seelenlos ihr Werk vollführen.
Der Mensch, er muss sich auch bewegen
will er erfolgreich sein im Leben,
er hat Gefühle, Geist, gibt Rat
und weiß, dass er ´ne Seele hat.

So hat der Mensch im Lebensraum
manchen sehnsuchtsvollen Traum
und hofft, dass nur ein kleines Stück
beiträgt zu dem Lebensglück.

Der Junge träumt dabei in Raten
von Crusoe und seinen Taten,
von Abenteuern, Spielerei
und dass ein grosser Held er sei.
Von Fußball, Fahrrad und PC,
von Schlittenfahrt in tiefem Schnee,
von Handys, Autos, schönen Frauen,
die begehrlich nach ihm schauen.

Die Mädchen denken an den Star,
an Mode, Filme und ganz klar,
an den Freund, der lieb, galant
sie am allerschönsten fand.

Man träumt von Kindern, die dem Leben
letztlich die Erfüllung geben,
vom einem Haus, Besitz und Garten,
Berufserfolg, Glück und Erspartem.
Im Traum denkt man an viele Sachen,
man möchte große Reisen machen,
Kreuzfahrten und Kulturen sehen,
noch Sprachen lernen und verstehen.

Die Wirklichkeit holt dich hernieder
und stellt dich auf die Erde wieder,
die Zeit begrenzt den Traumzustand:
Mehr davon im Ruhestand.
In diesem sitzt du dann im Traum
wieder auf dem höchsten Baum
und kannst daraus mit viel Entzücken
die Seele schwärmerisch beglücken.

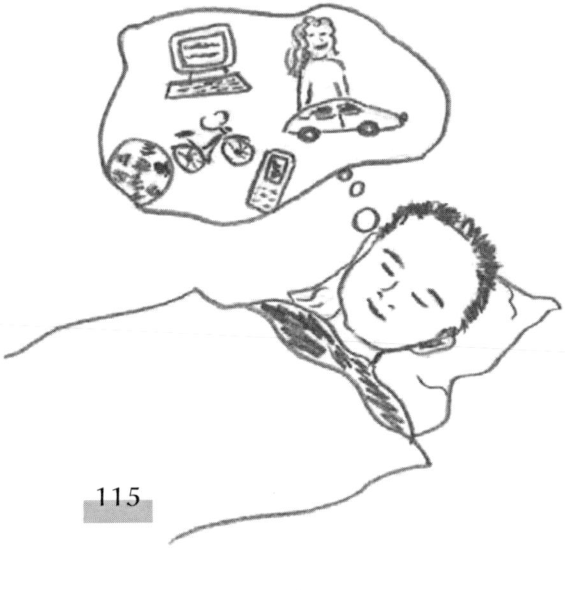

Schwächen

Erfolg, Glück und Ansehn sind meistens im Leben
durch Leistung, Charakter und Stärke gegeben,
doch wer kann zu Hause, an Arbeit, Vergnügen
diesen Ansprüchen immer genügen?

Bei Schwächen denkt man selten nach,
man wird halt einfach menschlich schwach
und gibt sich diesen gerne hin,
denn eigne Sehnsucht steckt darin.

Man mag nicht gern darüber sprechen,
doch jeder Mensch hat seine Schwächen,
bei einem sichtbar, dem andern verborgen,
bei diesem in Freude und jenem mit Sorgen.

Wenn man den menschlichen Körper beschaut,
so ist er sehr unterschiedlich gebaut:
In Schönheit und Fülle, in Schwäche und Geist,
was uns die menschliche Vielfalt beweist.

Der eine ist in der Schule sehr schwach,
der nächste schaut den Mädchen stets nach
und der liegt saft- und kraftlos darnieder,
zerstört vom Schnaps sind sein Geist und die Glieder.

Die Schöne, sie wurde beim Lieben ganz schwach
und spürte die Folgen mit Baby danach,
die andre kauft ständig Klamotten sich ein
und kann trotz Armut nicht sparsam sein.

Die Währung ist schwach und das Einkommen auch,
die ganze Wirtschaft liegt auf dem Bauch,
wir verdanken die schmähliche Ungemach
den Politikern, die so planlos und schwach.

Das Volk steht gerade für die ziellose Schwäche,
zahlt schmerzhaft das Übel mit sehr hoher Zeche,
für Volksvertreter, die eitel und schwach,
derweil fließt das Volkswohl runter den Bach.

Nach jeder Schwäche kommt wieder ein Auf,
das Volk ist willig und wartet darauf,
auch jeder Mensch ist mal stark und mal schwach
und richtet den Lebenslauf einfach danach.
Genieße täglich das Lebensglück wieder,
es geht mit dir aufwärts, halt manchmal auch nieder.

Angst und Vorsicht

Der bewegt sich auf der Welt
als wäre er ein großer Held,
packt forsch und auch verwegen
die Dinge an im Leben.

Angst, Vorsicht und Behutsamkeit
sind Zeichen von Verlegenheit,
so eilt er stürmsch an sein Ziel
bis er auf die Nase fiel.

Schau in den Ablauf der Natur
und bleib den Tieren auf der Spur,
wenn sie´s Revier begehen,
sie lauschen und sie spähen.

Nur in der Brunft und leerem Magen,
beim Lieben oder Beute schlagen,
von diesem Tun total besessen
wird eigner Lebensschutz vergessen.

Was er bisweilen nicht beweist,
der Mensch mit überlegnem Geist,
er handelt stürmisch, unverdrossen
und hat so manchen Bock geschossen.

Begegnet dir, was man nicht kennt,
gefährlich scheint und völlig fremd,
dann schätz´ den Umgang damit ein,
denn es könnte schädlich sein.

Der Ängstliche betrachtet nüchtern,
alles zweifelnd und sehr schüchtern
und eh´er zum Entschluss gekommen,
ist die Gelegenheit verronnen.

Das ganze Leben ist Balance
zwischen Vorsicht, Glück und Chance
zwischen Zugriff und Verzicht,
doch ohne Einsatz geht dies nicht.

Wäge ab, entschließe dich,
nicht ängstlich, aber vorsichtig.
Wenn auch einige missraten,
erfreue dich an deinen Taten.

Die Interessen

Je nach der Gemengelage
tritt Interesse dann zu Tage
und äußert sich als Inhaltsform,
zeitausfüllend ganz enorm.

Der eine erfährt diesen Einfluss zu Haus
und füllt seine Freizeit fortan damit aus,
doch auch in Schule und Freundeskreis
findet man manches Interessengleis.

Auch Wünsche und Träume eröffnen die Welt,
zu denen unser Interesse zählt,
sie sorgen dafür, dass geheim und im Stillen
sich diese Süchte mit Leben erfüllen.

Dann wird das Vorhaben umgesetzt
und wieder mit vielen Wünschen besetzt,
so formt das Interesse sich langsam aus,
macht Freude und Beschäftigung draus.

Ob Sport, Musik oder Literatur,
ob Beobachter sein in unsrer Natur,
ob malen, basteln, ob jagen,
du musst dein Interesse nur fragen.

So findest du Freude, im Club und zu Haus
und füllst deine Freizeit gern damit aus,
du weißt gar bald, was Sache ist
und wirst Interessenspezialist.

Im Leben stimmt dich das heiter,
du entwickelst dich ständig weiter,
das bringt dir glückliche Stunden,
du hast in dir Inhalt gefunden.

Das Wertegefühl macht dich äußerst erhaben,
allein durch deiner Interessen Gaben,
vieles, was dir im Leben passiert,
zermürbt dich nicht, denn du bist ja geführt.

Unter dem Einfluss deiner Interessen
kannst du auch eigenes Unheil vergessen,
darum leb fröhlich an all deinen Tagen
werteerfüllt und interessengetragen.

Die Berufswahl

Ist der Mensch noch klein und jung,
dann träumt er mit Begeisterung
was er einmal werden will,
seine Wünsche stehn nicht still.

Förster, Bauer, Pferdeknecht,
mit Tieren ist ihm alles recht,
die Autosparte schließt sich an,
als Rennfahrer sieht er sich dann.

In hohen Wolken fliegt und kreist er
als Pilot und Bürgermeister,
als Schauspieler und Fussballstar
und als Bundeskanzler gar.

Feuerwehr, Berufssoldat
er sehr schnell verworfen hat,
mit dicken Muskeln kommt einher
der Maurer, doch er schafft auch schwer.

Die Heilkunde wär´ auch sehr schön,
denn man ist sehr angesehn,
doch man arbeitet sehr lange
und das Studium macht ihn bange.

Als Kaufmann selbständig zu sein
schließt hohes Risiko mit ein.

Als Rechtsanwalt musst du verfügen
krumme Sachen grad zu biegen.
Dann wird er schlau und will auf Erden
lieber nun ein Lehrer werden,
muss sich mit hundert Ferientagen
im Beruf nur halbtags plagen.

Ja, als Beamter, der oft ruht
schafft man nicht viel, verdient sehr gut.,
als solcher ist man elitär,
und dies hebt die Gewichtung sehr.

Als Schwätzer bietet sich noch an
Versicherungs- oder Bankkaufmann.
Im Werk, wo Schornsteine noch rauchen,
kann man nur die Schaffer brauchen.
Wenn ich heut meine Kumpel treff:
Allle, alle sind schon Chef.

Im Beruf

Im Beruf wirst du erzogen
und darin zurecht gebogen,
egal ob Innung oder Kammer
im wüsten Paragraphenjammer.

Mit Vorschriften und auch Statuten
wird man dich nun überfluten.
Man wird von Rechten dir berichten
und ein wenig auch von Pflichten.

Von Krankenkasse, Steuer, Rente,
Versicherungen ohne Ende,
dass du den Anschluss nicht verpasst
wirst du mit System erfasst.

Der Betriebsrat steht am Tor,
stellt dir die Gewerkschaft vor,
dass du beim nächsten Kampfgeschehn
wirst genügend Streikgeld sehn.

Nach drei Jahren Lernerei
ist die Ausbildung vorbei,
jetzt verdienst du schönes Geld
als Spezialist auf dieser Welt.

Du hast dich in der Lehrzeit Hast
deinem Umfeld angepasst,
in Auftreten und dem Jargon,
in freundlich oder barschem Ton.

Ob einfach oder auch gehoben,
du wirst in den Beruf geschoben,
verkörperst diesen unbeschwert
und fühlst in dir auch dessen Wert.

Berufsspezifisch angekleidet,
trägst du Weiß wirst du beneidet,
so bietest du dein Können an,
kein Unterschied von Frau zu Mann.

Du gleitest durch die Arbeitswelt,
erwirbst dir Ansehn und auch Geld,
wirst standesmäßig straff geführt,
weil dieses den Beruf halt ziert.
Mit Innungszeichen an der Brust,
es lebe hoch die Arbeitslust.

Sprüche

In Omas fast schon historischer Küche
fanden sich sehr viele geistreiche Sprüche:
Fünf sind geladen, zehn sind gekommen,
gieß Wasser zur Suppe, heiß alle willkommen.

Sie kam mit so vielen Sprüchen daher:
Was Hänschen nicht lernt, lernt Hans nimmermehr.
Bei ihr ging es morgens früh schon rund,
denn Morgenstund hat Gold im Mund.

Auch : Was du heute kannst besorgen,
das verschiebe nicht auf morgen.
Und Dummheit, Frechheit und Stolz,
wachsen auf einem Holz.

Was auch passierte in unserem Leben,
die Oma konnte den Spruch dazu geben,
Er mag mit großen Hunden pinkeln gehn, sagte sie noch
doch leider kriegt er sein Bein nicht so hoch.

Im Spruchrepertoire, da wurd´ sie stets fündig,
sie waren treffend und hintergründig,
zu trösten und helfen hat sie so versucht,
doch wir sie ob ihrer Sprüche verflucht.

Manch Kleiner schlüpft in ein buntes Kostüm,
bläst stolz sich auf und ganz ungestüm,
redet er viel und zeigt allen sein Geld
als Krösus und Lebemann von dieser Welt.

Ja, Erfolg und Geld stieg so manchem Tropf
geltungsbedürftig in seinen Kopf.
Dazu konnte unsre Oma nur meinen:
Du armer Mensch, mehr sein als scheinen.

Was uns das Leben auch immer bereitet,
es wird oft von schlauen Sprüchen begleitet,
von Empfehlungen, Ratschlägen, unübertroffen,
von Menschen, die davon gar nicht betroffen.

Die Sprüche - Oma gibt es nicht mehr,
der "Gut-Tuer" hält heut dafür her,
der Zeitgeist verändert den Zuspruch der Zeit,
in Sprache und Inhalt, doch er steht bereit!
Bei Schwätzern unsere Oma nur grollt,
meint: Reden ist Silber, doch Schweigen ist Gold.

Die Medien

Täglich im Fernsehn erhalten wir schon
die neueste Nachricht und Information,
was alles auf unserer Erde passiert,
mal nüchtern berichtet und dann mal glossiert.

Da wird oft ganz selten exakt recherchiert,
die Nachricht wird schnell überlagert serviert,
gefärbt aus dem bunten Parteienwald
das Neueste zu uns herüberschallt.

Im Sender vom Radio wird uns auch berichtet,
was vorher schon etwas parteiisch gerichtet -
das wird uns ganz überzeugend erzählt
als absoluteste Wahrheit der Welt.

In der großen Zahl der täglichen Zeitung
gibt es diverse politische Richtung,
so schon der Zeitungskauf meistens verrät,
wo der Leser politisch steht.

Wir lesen und hören und sehen
vom täglichen Weltgeschehen,
der Einfluss ist ganz geschickt eingebaut
und kommt mit System unter unsere Haut.

Um zu vergleichen schalten wir dann
immer mal andere Sender an,
erhoffen mit diesem kleinen Trick
den echten, ehrlichen Weltenblick.

Die Welt wurde dauernd und immer betrogen,
drum werden wir heute recht kritisch erzogen,
doch abends bei Nüssen und kühlem Bier,
dem Fernsehsprecher vertrauen wir.

Sehr oft erkennt man den Einfluss schon
an Redekunst und fanatischem Ton.
Wer schauspielernd stellt die Ideen vor,
hat meistens etwas ganz anderes vor.

Man hüte sich darum vor jedem -iker,
Fanatiker, Taktiker und dem Politiker,
Statistiker und dem Musiker immer,
sie versprechen alles und halten es nimmer.

Die Mode

Der Mensch kommt nackt auf diese Welt,
darum er Wärmeschutz erhält
mit einem Tuch das Wärme spendet
und sein Zittern schnell beendet.

Damit auch dauerhaft dies nütze
kriegt es Windel, Strumpf und Mütze,
ein Hemdchen an, ein kleines Höschen
über Popo und das Schößchen.

Wächst es auf, bekommt es dann
schon richtige Bekleidung an,
oftmals eine Kleiderschau
das Mädchen rot, der Junge blau.

Dann zum Toben und zum Schmeißen,
Kleider, die nicht schnell zerreißen,
Schuhe, die auch Steine traten
und dem Fuß nicht wehe taten.

Heute ist das längst vorbei,
gestylt, gekleidet aus dem Ei,
laufen sie in feinsten Sachen,
dürfen sich nicht schmutzig machen.

Dann tragen sie für sehr viel Geld
das Neuste aus der Modewelt,
in schrillen Farben mit Emblem,
oft lächerlich und unbequem.

Manchmal lacht man sich zu Tode
über die moderne Mode,
alle machen dabei mit
beim Fummel und dem neusten Hit.

Mit engen Hosen, Miniröcken
kann man manche Gunst verschrecken,
den dicken Po, das Stampesbein
kleide lang und wallend ein.

Schau mal in den Spiegel rein,
nicht jeder kann ein Model sein,
drum kleide dich nach der Statur,
Haarpracht, Charme und der Figur.
Doch das misslingt, die Frauen tragen
gern Mode aus den neusten Tagen.

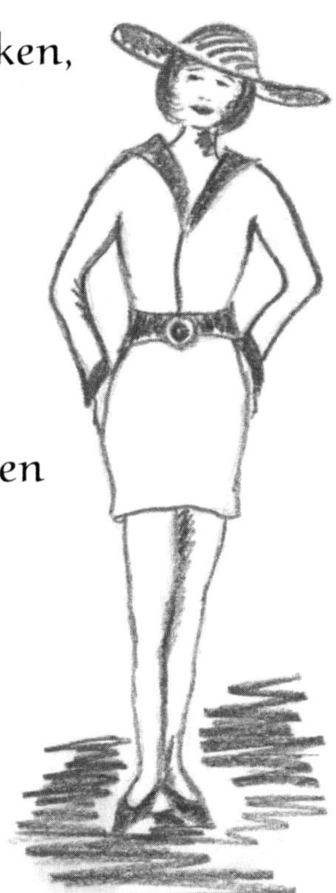

Die Uniform

Es war schon chic zu allen Tagen
eine Uniform zu tragen,
ja, steck den Mann in Uniform,
dann wächst das Wertgefühl enorm.

Kriegt er dazu noch einen Orden,
dann ist aus ihm etwas geworden.
Man erhebt sich aus der Masse,
ein Mann in Uniform ist klasse.

Der Schüler trug einst eine Mütze,
dass sie der Erkennung nütze,
so war gleich dem Betrachter klar,
in welcher Klasse er denn war.

Couleur trug einstmals der Student
und an den Farben man erkennt,
inkognito hinweggerafft,
die Verbindungsmitgliedschaft.

Die Post, die Bahn, die Feuerwehr
kommt in Unifom daher,
der Turn- und der Gesangverein
kleiden einheitlich sich ein.

Der Wachmann und der Polizist
in Uniform nur wirksam ist,
der Kittel in dem Krankenhaus
weist sofort als Arzt dich aus.

Manch Uniform wird Maskerade
bei jährlicher Vereinsparade,
ja, Schärpe, Orden und ein Hut
macht zum Mann und steht ihm gut.

Ganz schlimm ist es beim Karneval,
die Menschen tragen überall
die Uniform, die dann verdeckt,
welcher Narr darunter steckt.

Die Uniform, die man so kennt
ist ein Ordnungselement,
hat Einfluss auf der Menschen Treiben
und will ihr Chaos strikt beschneiden.

Gerüche und Düfte

Die Nase als Geruchsorgan,
sie kündigt die Gerüche an
und sind sie gut und äußerst fein,
dann laden sie zum Bleiben ein.

Doch sind sie beißend, faul und schlecht,
dann ist der Spender uns nicht recht,
wir sagen jetzt, das stinkt mir halt,
verlassen diesen Ort gar bald.

Das Pferd riecht so, der Hund riecht so,
am schlimmsten riecht es auf dem Klo.
Beim Bauer aus des Stalles Fülle
stinkt gewaltig seine Gülle.

Die Gase vom Automobil
sind oft genug der Nase Ziel,
der Ausstoß von Fabriken
oft Landstriche beschicken.

Dazu kommt der Chemiegeruch
und davon haben wir genug,
jeder Kleber, jeder Lack
geben eine Menge ab.

Ganz typisch riechts im Krankenhaus,
beim Bäcker löst´s Gelüste aus,
wir atmen tief der Blume Duft
und auch, wenn uns ein Essen ruft.

Der Dame Duft kann uns gefallen,
bewirkt, dass wir ihr schnell verfallen,
so ein Parfum ist Kreation
und zielt auf eine Wirkung schon.

Treibst du Sport mit großem Fleiß
oder wird es dir sonst heiß,
sind die Schweißdrüsen aktiv
und verbreiten ihren Mief.

Doch der feine Mensch weiß dann,
wie er sich schnell helfen kann:
Seife, Deo streng - kokett,
Aftershave - Eau de Toilette,
schon schwebt betörend über allen
ein Duft, der sicher wird gefallen.

Vom Brief über das Telefon zum Handy

Der Schüler Leid ist stets gewesen
das Rechnen, Schreiben und das Lesen,
sie übten also viele Stunden,
bis sie den Bogen rausgefunden.

Wollt´ man in Verbindung bleiben,
musst´ man damals Briefe schreiben,
auch vom schönen Urlaubsort
schickt´ man Ansichtskarten fort.

Geschenke, die man einst erhielt,
wurden liebevoll, gezielt,
bedankt mit Brief und dann als Clou,
malte man ein Bild dazu.

Einst baut´ mit Einfall und viel Fleiß
das Telefon Herr Philipp Reis,
das blitzschnell übers weite Land
zwei Menschen im Gespräch verband.

Das nutzte man mit großer Scheu,
denn die Technik war noch neu,
doch bald schon übt von jedem Haus
das Telefon den Einfluss aus.

Jetzt wurd´ geschnuddelt und berichtet,
schamlos auch hinzugedichtet,
das Telefon hat informiert,
dabei auch manchen Schwank kreiert.

Die schnurverbundne Sprachverbindung
ergänzte sich durch die Erfindung
des Handys, das heut so beliebt,
pausenlos Kontakte gibt.

Der Schüler nutzt es pfiffig aus,
erfragt die Lösung von zu Haus
und das girl fragt ihren boy
ob er ihr noch immer treu.

Vom Auto, Bus, der Eisenbahn,
alle rufen ständig an,
derweil sie durch die Straßen eilen
können sie beim Partner weilen.
Die Kosten steigen ohne Endy,
mit dem Statussymbol Handy.

Die Mobilität

Der Mensch lebt´ einst in Dorf und Stadt,
grad, wo´s ihn hin verschlagen hat
und hatte hier in seinem Ort
Arbeit und Familienhort.

Die Jugend wurd´ gemeinsam groß
und macht´ zusammen auch was los,
von allem, was dabei passiert´,
wurd´ das Umfeld informiert.

Man wusste, wer ein Feigling war
und kannte auch den Superstar,
wer sich gern dick tat oder wichtig
und achtete den Sportler richtig.

Auch wer schon viele Bierchen trank,
wer heimlich schmuste auf der Bank,
den Erziehern war´s bekannt
und mancher spürte deren Hand.

Hat man ein Fahrrad dann besessen,
war der enge Kreis vergessen,
man trieb sich hier und da herum
und sorgte für Veränderung.

Das soziale Feld zersplittert,
manche Lust von fern gewittert,
die Kontrolle war verschwunden,
es galt die Freiheit zu erkunden.

Als man mit dem Auto dann
noch einen größ´ren Kreis gewann,
kannte man schon manche Sünden
in ausgewiesnen Lodderpfründen.

Die Eltern harrten ängstlich aus,
bis das Auto ist zu Haus,
damit sie auch ganz sicher sind:
Heil sind Auto und das Kind.

In jedem Menschen steckt das Ziel,
wie werd´ ich groß und wie mobil,
dabei muss er erfahren,
dies lauert voll Gefahren
und wenn das Auto ist zerschellt,
dann kostet es noch sehr viel Geld.

Das Auto

Ach, das muss man doch verstehen,
keiner will zu Fuß mehr gehen,
das Auto ist das Topsymbol
und alle finden es ganz toll.
Zielgenau auf kurzen Wegen
kannst du dich damit bewegen,
jede Fahrt sich somit lohnt,
deine Muskeln sind geschont.

Ein kleiner König sicher bist de
fährst du in der blechnern Kiste,
du steuerst selbst, du bremst, gibst Gas
und das macht gewaltig Spaß.

In dem Blechgehäuse vorn
gibt es Licht und auch ein Horn,
nicht zum Stoßen ist´s gedacht,
nur zum Hupen angebracht.
Der Motor brummt in tiefem Ton,
man hört ihn weite Strecken schon,
der Chrom an allen Ecken blitzt,
wenn du durch die Straßen flitzt.

Beim Bremsen, Starten, Kurven fahren,
als Rennfahrer in besten Jahren
quietschen deine Bremsen laut
und manches Mädel nach dir schaut!
Wenn das Auto schön und teuer
ist der Eindruck ungeheuer,
wenn die Bässe lauthals dröhnen
fällst du auf bei allen Schönen.

Für dein Image ist dir lieb,
der Nachbar fährt den kleinen Typ,
der tut ihm finanziell nicht weh,
auch er fährt gut von A nach B.

Die alten Herren fahren gern
das Auto mit dem runden Stern,
die reife Dame das Coupé
die Hübsche liebt Cabriolét.
Doch im Verkehrsgewühl inmitten
siehst du des Teufels schnellsten Schlitten,
der holt sich seine Opfer dort,
trägt sie an seinen Lieblingsort.

Fernweh, Heimweh, O-weh

Als junger Mensch träumt man so gerne
von fremden Orten in der Ferne,
von Bergen, Schluchten, Städten, Seen,
das alles möchte man besehen.

Wilde Tiere, fremde Pflanzen,
Inseln, wo noch Wilde tanzen
und so treibt es uns heraus,
nur weit weg vom Elternhaus.

Der Traum von dieser weiten Welt
beginnt mit Fahrrad und dem Zelt,
Glück und Romantik wird es geben
im heiß umschwärmten Lagerleben.

Später dehnt man dieses aus,
sucht sich fremde Länder aus
und stellt bald fest, kehrt man dann heim,
nur hier kann man ganz glücklich sein.

Ist man lange Zeit mal fort,
denkt man an den Heimatort,
merkt, dass man viele Wurzeln hat,
in seinem Dorf, in seiner Stadt.

Die Erinn´rung schwemmt dann noch
manche schöne Stunde hoch,
das Fernweh mehr und mehr nun schwindet,
die Heimat man am schönsten findet.

Was früher spießig und ganz nichtig,
betrachtet man nun erst mal richtig,
sieht was die Heimat uns beschert
ist wunderschön und sehenswert.

Dann kommt das Alter, ach o-weh,
da zieht´s im Arm, im Kreuz, im Zeh,
man denkt nicht mehr an fremde Ferne
und lebt zu Hause brav und gerne.

Vom Aufbruch, Wissensdurst, Erkennen,
vom abenteuerlichen Ziel und Rennen,
schließt sich nun langsam unser Kreis,
macht ruhig, abgeklärt und weis´,
besinnlich, kritisch, tolerant,
der Mensch nun seine Einkehr fand.

Die Gene

Als Richtschnur für dein Handeln
musst du mit Genen wandeln,
sie sind dir mitgegeben
und leiten dich durchs Leben.

Als du liebevoll erschafft,
erbtest du sie massenhaft,
man hat darum dich nicht gefragt
und später nichts davon gesagt.

Von jedem Ahn ein kleines Stück,
so wurdest du ihr großes Glück
und seitdem führst du ahnungsvoll
dein Leben forsch und ahnenvoll.

Die Eltern fragen dann im Spaß,
ei, von wem hat er denn das ?
Dann wirst du übereilt
den Ahnen zugeteilt.

Ach könnt´ man aus dem Genekuchen
sich die allerbesten suchen,
dann wäre für das ganze Leben
ein optimaler Start gegeben.

So aber lebst du froh dahin,
gibst dich verliebt dem Partner hin
und mischst erneut der Gene Schar
in das nächste Lebenspaar.

Schier unermesslich steht die Zahl
zur nächsten Paarung dann zur Wahl
und man kann schon sicher sein,
fast jeder wird verwandt dir sein.

Gene hier und Gene dort,
so pflanzt man sich ganz fröhlich fort,
doch die stärksten sicherlich
fassen und bestimmen dich.

Die Ahnenreihe wird beschrieben,
dabei auch Genforschung betrieben,
sie sind es, die Gestalt dir geben,
dich löblich aus der Masse heben,
ob dick, ob schlank, ob klug, ob schön,
du kannst es aus den Genen sehn.

Drogen

Von Alkohol und allen Drogen
wirst du immer nur belogen,
sie lassen dich in deinem Sein
vorübergehend glücklich sein.

Ist der Mensch entsetzlich krank,
hat der Apothekenschrank
gegen überstarke Schmerzen
Mittel, die das Leid ausmerzen.

Die sind aus Drogen auch gemacht,
doch ganz allein dafür gedacht,
diesem schmerzlichen Erleben,
einen Dämpfer dann zu geben.

Jedoch der Mensch in seiner Sucht,
hat alles Mögliche versucht,
sich von Problemen abzulenken
und sich ein bisschen Glück zu schenken.

Anstatt das Leben zu befragen,
was kann mir mein Schicksal sagen?
Wie finde ich des Lebens Glück
auf einem guten Weg zurück?

Man pfropft auf seine Schaukelwelt
eine große Gaukelwelt,
ist glücklich, wenn die Droge trägt,
im Traum zur Wolke hinbewegt.

Der Katzenjammer ist sehr groß
lässt sie den Armen wieder los,
dann steht betrübt er ganz allein
und hofft bald wieder high zu sein.

Das Geld ist weg, des Lebens Sinn,
alles, alles ist dahin,
sei klug und stark, denk stets daran
und fang mit Drogen gar nicht an.

Beim Gruppendrang, in schwacher Stund´,
bekämpfe deinen Schweinehund.
Extasy, Hasch, Heroin
rafft manche Menschen bald dahin.
Glück, Seligkeit und Übermut,
gehn auch ohne Drogen gut.

Hormone

Klein und fein, jedoch nicht ohne
sind die menschlichen Hormone,
sie sind uns von Natur gegeben
und steuern unser ganzes Leben.

Klein liegst du auf dem Wickeltisch,
du wirst groß und wunderst dich,
die Knochen wachsen ohne Ende,
doch auch Muskeln, Fuß und Hände.

Der Innenausbau mausert sich,
du wirst immer mehr zum Ich,
im Aussehn und in der Figur,
ein tolles Werk aus der Natur.

Dann beginnt der Geist zu wachsen,
du wirst frech, fängst an zu flachsen
und alle hoffen rundherum,
hoffentlich geht das bald um.

Nun fängst du an dich auch zu zieren,
denn du bist am pubertieren,
befindest dich im freien Fall
und siehst Probleme überall.

Im komischen Hormongeflecht
erscheint das andere Geschlecht:
Im Gefühl von Können, Wollen,
wirst du durch die Zeit nun trollen.

Es gibt Nöte, die dich plagen,
doch zu Haus willst du nichts sagen,
der Partner nur versteht dich richtig,
der ist einzig und sehr wichtig.

Du bist nun auf der Liebesspur
im Hormonspiel der Natur,
kannst dich vor den Folgen schützen,
denn du kannst Hormone nützen.

Des Hormonspiels Ungemach
lässt dann aber sichtlich nach,
doch immer wird ihr Weg dich weisen,
wenn Hormone in dir kreisen.
Sie wirken sicher, gut und schnell
in des Lebens Karussell.

Die Schwiegerleut

Das Kind wird eines Tages dann
zur hübschen Frau, zum stolzen Mann,
das sich im Umfeld rundherum
sieht nach einem Partner um.

So kommt es zu der ersten Liebe,
mit Sehnsucht, Schwärmen, Küssen, Triebe,
der Verstand schwingt hin und her,
verändert alle Menschen sehr.

Verliebt wird aus dem Partnerkuchen
man das beste Stück raussuchen,
dies zu Hause präsentieren
und zum Traualtar dann führen.

Vergrößert mit dem Ja-Wort schon,
mit Schwiegertochter, Schwiegersohn
und mit den Schwiegerleuten dann
gewaltig den Familienstamm.

Zuerst beschnuppert man sich nur,
kommt allen Schwächen auf die Spur,
erkennt die Stärken aber auch
und manchen familiären Brauch.

Bringt jeder sich ganz offen ein,
dann ist´s ein fröhlicher Verein,
doch wenn die Neider sich erheben,
kann die Familie viel erleben.

Einbildung und Arroganz,
Oberschlauheit, Süffisanz
bringen der Familienkiste
Häme, Streit und viele Zwiste.

Geduld, Verständnis, Frohsinn, Lachen
sind hilfreich bei so vielen Sachen,
bringt Harmonie und Einigkeit
und hilft bei mancher Schwierigkeit.

Zusammen wächst was einmal fremd,
weil man sich jetzt bestens kennt
und wenn dann noch die Enkel kommen,
ist das Glück total vollkommen.
Omas und Opas finden sich ein
und werden spendabel am stolzesten sein.

Die Fruchtbarkeit

Fruchtbar ist die Vogelbrut,
wenn der Eber springen tut,
wenn die Hasen Nachwuchs kriegen
und die Bienen fleißig fliegen.

Wenn die Saat steht grün und fest,
wenn der Schafbock es nicht lässt,
ist der Sommer nicht mehr weit
und man sieht viel Fruchtbarkeit.

Wenn die Schwalben nordwärts ziehn
und die Bäume wieder grün,
kommt nach Regen Sonnenschein
und lässt alle glücklich sein.

Die menschliche Familie dann
schafft sich auch gern Nachwuchs an,
und so wird geplant, probiert
ob es bald zum Nachwuchs führt.

Das eine Paar hat kein Problem,
kann glücklich in die Zukunft sehn,
kaum haben sie im Bett gelegen,
kam auch schon der Kindersegen.

Die andern noch erfolglos sind,
sie wünschen sich so sehr ein Kind
und warten schon sehr lange Zeit:
Kein Klapperstorch ist flugbereit.

Sie geht zum Arzt und kriegt dort Pillen
den Kinderwunsch bald zu erfüllen,
der Eileiter wird durchgeblasen
und sie treiben´s wie die Hasen.

Er lässt den Spermienfluss bestimmen,
ob sie gesund sind und schnell schwimmen,
dann wird schnell und oft probiert,
ob es nicht zum Ziele führt.

Sehnsuchtsvoll an allen Tagen,
mit Blick in fremde Kinderwagen,
bis im Urlaub endlich auch
erfolgt´ die Einnistung im Bauch.
Das Leben stirbt in kurzer Zeit
ohne Fleiß und Fruchtbarkeit.

Die Schwiegermutter

Die Schwiegermutter ist die Frau,
die sieht, erfasst und weiß genau,
was für die Familie wichtig
und beurteilt alles richtig.

Wohnt die alte Krähe
auch noch in deiner Nähe,
verschwinde, wenn sie naht
zu irgendeiner Tat.

Sie stürmt in euer Nest
und setzt sich erst mal fest,
berichtet was all vorgekommen
und warum sie hergekommen.

Dann schaut sie sich mal um,
dreht alle Sachen rum
und startet ihren Rat,
was ihr missfallen hat.

Sie kritisiert die Kinder immer
und meint sie würden dauernd schlimmer,
sie kämen auf den Vater raus,
den Oberschlamper hier im Haus.

Dann mokiert sie die Gerüche,
die herbeiwehn aus der Küche
und meint das riecht ja fürchterlich,
kocht lieber gut und bürgerlich.

Nach Inspektion von allen Räumen
fängt sie an, drin aufzuräumen
und sagt wie man das richtig macht,
hat Ordnung in das Heim gebracht.

Ist eure Stimmung gut im Ganzen?
Und hoffentlich auch die Finanzen,
nehmt euch ein Vorbild an uns beiden,
seid immer sparsam und bescheiden.

Dann packt sie ihre Leiden aus
und schwafelt schon vom Krankenhaus,
nachdem wir ihr dann Trost gespendet,
ist auch ihr Besuch beendet.

So sind die meisten, doch nicht meine,
sie ließ uns Gott sei Dank alleine.

Die Schwiegermama

Die Liebste kam zu uns geeilt,
nett angemalt und frisch gestylt,
sie brachte einen Blumenstrauß
und packte dann Geschenke aus.

Zuerst hat sie uns lieb begrüßt
und alle herzlich abgeküsst,
auf Stirn und Mund und Wange
und sagt: "ich bleib´nicht lange".

Dann, wie es eine Oma macht,
verteilt sie was sie mitgebracht,
für jeden eine Kleinigkeit
mit einem Spruch voll Herzlichkeit.

Wir saßen dann am Kaffeetisch,
wir lachten und man freute sich,
dass wir den Alltag mal vergaßen
während wir den Kuchen aßen.

Sie scherzte mit den Kindern dann
und spielt mit ihnen "Wilder Mann",
die Kinderaugen strahlten groß,
die Oma machte stets was los.

Sie fragte auch nach unsern Sorgen,
ob sie könnte was besorgen
und bot ehrlich und spontan
uns gleich ihre Hilfe an.

Ohne Aufsehn fasst sie dann
noch hier und da im Haushalt an
und erzählte, dass einmal
die Arbeit schwer war und voll Qual.

Sie strahlt dabei viel Ruhe aus
und bringt stets Harmonie ins Haus,
so kann sie uns vor allen Dingen
ihre Liebe näher bringen.

Schnell enteilten diese Stunden,
die Schwiegermama ist entschwunden,
die Kinder hüpften auf und nieder
und riefen. "Liebe Oma, komm bald wieder".
Die Schwiegermama wird geliebt,
wie gut, dass es auch solche gibt.

Der Schwiegervater

Der Schwiegervater ist ein Mann,
der handwerklich so vieles kann,
der mit dem Tun dann gerne prahlt,
doch wird er nie dafür bezahlt.

Er schreinert, ölt, zieht Schrauben an,
sieht sich den Garten gründlich an,
er schneidet Gras, zieht Unkraut raus
und sammelt Unrat um das Haus.

Er repariert der Kinder Sachen,
die allzu leicht und oft zerbrachen,
verständnisvoll und mit Geduld
und gab den Kindern nie die Schuld.

Was Kindern immer Freude macht,
er hat mit ihnen viel gelacht,
gespielt, erklärt, gelernt, getobt
und wurde darob sehr gelobt.

Er sprach am Tisch, das war sein Tick,
gern über Krieg und Politik,
von Technik, Autos und von Geld
und wie man dies zusammen hält.

Seine Frau, die all das kannte,
nannte er oft Gouvernante,
die hat das aber nicht gestört,
sie hat ihm selten zugehört.

Er war ein gern geseh´ner Mann,
er packte gleich und hilfreich an,
war stolz, wenn er noch helfen konnte,
worin er sich dann mächtig sonnte.

Er steckte auch in jedes Schwein
klimpernd ein paar Münzen rein
und wußte, dass ein Jeder dann
diese gut gebrauchen kann.

Dann brach er auf nach Haus zu gehen,
er wollte jetzt gern Ferne sehen,
daheim in seinen Sessel sinken
und den Abendschoppen trinken.

Die Umwelt

In früherer Zeit mit den Tagesstunden
lebte der Mensch sehr naturverbunden,
die Sonne bestimmte den Tageslauf,
man ging mit ihr schlafen und stand mit ihr auf.

Es gab keinen Kunststoff und keinen Strom,
keine Chemie und kein Telefon,
es gab keine Autos und keine Maschinen,
die einfach die Arbeit per Knopfdruck bedienen.

Doch Hygiene und Heilkunst ohne wirkliche Kraft,
die haben die Menschen einst früh weggerafft.
So sieht man, dass Fortschritte auf dieser Erden
von Vor- und von Nachteil begleitet werden.

Die Klimaanlage schafft saubere Luft,
der Luftbefeuchter bringt frischen Duft,
wir filtern alle Keime heraus,
steril sind die Räume, steril ist das Haus.

Die Umwelt und unsere Regulation,
die treffen uns selbst nun seit Jahren schon,
Ergebnis vom überhygienischen Ziel:
Wir erkranken vermehrt, werden selber steril.

Allergien, Akne, Pickel,
Hautausschlag in jedem Zwickel,
Rötung, Schuppung und Ödeme,
Atemnot und auch Ekzeme.

Auf jeden Stoff gibt´s heute schon
eine klare Reaktion:
Auf Hausstaub, Blumen, Früchte, Tiere,
Cremes, Parfüms, Tabletten, Biere.

Autogas, Fabrikgestank
macht auch viele Menschen krank.
Auf Teppich, Baustoff, Lack und Strahlen
müssen wir mit Schäden zahlen.

Viel von dem was ich erzähle
schädigt Körper und auch Seele:
Die Luft ist heut nur noch o.k.
auf plattem Land und hoher See.

Die Körperabwehrkräfte

Das Immunsystem ist die große Kraft,
die biochemisch Ruhe schafft.
Wenn unser Körper von Krankheit betroffen,
lässt sie auf baldige Heilung uns hoffen.

Die Muttermilch stellt für den Säugling bereit
die Abwehrkräfte der ersten Zeit,
dann lernt der Körper durch Umweltkontakt
sie selbst aufzubauen, soweit er dies packt.

Das Kleinkind steckt alles zum Munde herein,
ob sauber, ob schmutzig, ob groß oder klein,
nimmt massenhaft ganz viele Keime auf
und baut seine Abwehrkräfte nun auf.

Das geht oft mit Fieber und Krankheit einher,
Bakterien und Viren gibt´s wie Sand an dem Meer,
ja das Kleinkind muss diese Phase durchstehn,
will es gesund durch das Leben mal gehn.

Der sichere Aufbau ist fast garantiert,
wird dann noch Impfstoff hinzugeführt.
Ein Schutzwall entsteht für das ganze Leben,
denn wir sind ständig von Keimen umgeben.

Wenn der Körper dann doch mal befallen ist,
kämpfen Antikörper mit großer List
die bösen Eindringlinge hernieder
und geben Kraft und Gesundheit uns wieder.

Frische Luft mit Bewegung und Sport
halten die bösen Keime auch fort.
Viel Trinken, gut Essen, Genuss nur in Maßen
unsre Gesundheit erhalten lassen.

Gar Mancher denkt, die Chemie wird´s schon machen,
es gibt ja so viele und sehr gute Sachen.
Aus jeder Zeitung kannst du es erfahren,
wie du kerngesund bist noch mit fast hundert Jahren.

O Mensch stärk deine Abwehrkräfte
nicht durch Apothekensäfte,
ohne Pillen und Tinktur:
Leb gesund mit der Natur.

Figur und Aussehen

Im Kleinkindalter willst du spielen und toben,
du raufst herum, liegst mal unten, mal oben,
Figur und Kleidung sind ganz einerlei,
Hauptsach´, du hast deine Freunde dabei.

Dann kommt das Alter wo du schon vergleichst
und selbst dir über die Haare streichst,
wo du deinen Körper genau inspizierst
und dabei Selbstgespräche auch führst.

In der Schulzeit wird dann nur noch getragen,
was modisch ist in diesen Tagen -
ob es dir steht, ob die Farbe verrückt,
wenn´s den ander´n gefällt, dann bist du entzückt.

Bist pubertierend du zärtlich und klein,
dann möchtest du gerne ein Großer sein -
ein Großer und Schöner, dazu mit viel Kraft,
weil dies bei den Mädels Ansehen schafft.

Die Mädchen, sie tragen nun keck und frivol
die Kleidung so frei wie ihr Stern und Idol,
die Figur wird betont, der Busen gehoben,
zur Betonung desselben dort leicht nachgeschoben.

Die Haare getönt, die Nägel lackiert
und was im Körper sonst noch passiert,
geht nur sie selbst und den Liebsten an,
es fängt das Erwachsenenalter an.

Es vergeht die Zeit und jeder spürt -
im Alter wirst du genetisch geführt.
Der Vergleich mit den Vorfahren zeigt dir sodann:
Du bist nur ein Glied im Familienstamm.

Dann kommen die Runzeln
und nicht nur beim Schmunzeln,
Arbeit und Umwelt, sie hab´n dich gebeugt,
wovon dein schleichender Gang nun auch zeugt.

Der Busen der Frauen, er hängt nun herab,
die Männer sind lustlos und machen auch schlapp,
Haare und Zähne fallen dir aus,
du wirst bald vergeßlich und bleibst gern zu Haus.
Du schaust auf den Jahrgang und siehst damit ein:
Im Alter kann das kaum anders sein.

Hilfsmittel der Dame

Die Frau als Gottes Kreatur
beargwöhnt Aussehn und Figur
und meint sie muss hier korrigieren
und sich nach außen optimieren.

Die Kleine zieht sich also dann
erst mal hohe Schuhe an
und polstert ihre Schulter auf,
legt sich ein kleines Kissen drauf.

Das Haar, es wird geschickt getönt,
gestylt, in Wellen dann gefönt -
hin und wieder eine Strähne
und im Mund Keramikzähne.

Die Augenbraue kriegt ´nen Bogen,
die Lippen werden nachgezogen
und mit den angeklebten Wimpern
kann man ganz betörend klimpern.

Beim Busen, prall und leicht nach oben
wird unter- und auch nachgeschoben
mit einem Körbchen, schaumgefüllt,
es den Busenwunsch erfüllt.

Quillt hier und da ein bisschen Fett,
dann nimmt man gerne ein Korsett.
Die Kleiderfarbe, das ist klar,
passt abgestimmt zu Teint und Haar.

Dass niemand sich der Falten schämt,
ist die Haut gut eingecremt,
die Augendeckel eingetönt,
das Gesicht leicht braun verschönt.

Die Fingernägel, manikürt,
wurden noch grell rot verziert,
das stärkste Deo wird benutzt
und die Zähne frisch geputzt.

Parfüm kommt hinter jedes Ohr,
sie kommt sich fast als Diva vor,
so ausstaffiert auf ihren Wegen
hofft sie Gefallen zu erregen.
Wenn dann die Herren nach ihr schauen,
ja, das lieben alle Frauen.

Hilfsmittel des Herrn

Am Alter können wir nichts drehen,
wir werden durch das Leben gehen
und jeden Zeitabschnitt ertragen,
in jungen wie in alten Tagen.

Früh fängt das Gockelleben an,
mit feinem Anzug zeigt man dann,
dass man dank prall gefüllter Kasse
sich hervorhebt aus der Masse.

Weißes Hemd, Krawatte, Geld,
ein Auto, das den Frau´n gefällt,
mit Markenschuhen, Mantel offen,
kann er auf Beachtung hoffen.

Rolexuhr, ein Ring mit Stein,
er möchte gern ein Weltmann sein,
im Traumberuf mit eignem Haus,
so sucht er sich die Frauen aus.

Er meint mit dem Dreitage - Bart
wär´ er sexy und apart,
er lächelt huldvoll in die Runde,
führt schlaue Sprüche stets im Munde.

Sein Zahnsystem zeigt keine Lücke,
dafür eine große Brücke,
sein Haar pomadisch frisch gesteckt,
die Brille zeigt den Intellekt.

Die Bräune schenkt die Sonnenbank,
die Figur athletisch schlank
übt er in dem Fitnessraum,
die dicken Muskeln sieht man kaum.

Elastisch sportlich schreitet er
im Revier so hin und her,
sein Selbstgefühl hat leichte Mucken,
doch freut er sich, wenn alle gucken.

Recht mäßig hinter seiner Stirn
arbeitet sein kleines Hirn,
sein Wertgefühl ist wechselvoll
und findet man ihn anfangs toll,
hat man sehr schnell herausgebracht,
dies ist ein Mann für eine Nacht.

Altern

Dein Babyspeck
ist lange weg,
du bist nun erwachsen
nach Schule mit Faxen.
Der Beruf füllt dich aus,
du hast ein Zuhaus,
du fühlst dich recht zackig,
bist rundherum knackig,
hast Kinder und Frau
in ´nem eigenen Bau.
Das Leben ist schön,
so kann´s weitergehn,
du reist durch die Welt
wohin´s dir gefällt,
kannst dir Städte besehn,
steigst auf Berge und Höhn,
kennst Meere und Strand
in manch fernem Land.

Dann merkst du den Zeh,
die Gicht tut dir weh,
du hast Rheuma im Arm
und Polypen im Darm.

Manchmal Stiche am Herzen
und ein Zahn voller Schmerzen,
das Atmen will nimmer,
der Blutdruck wird schlimmer,
die Arterien gehn zu
und des Nachts keine Ruh.
Leichter Schwindel bedrückt,
werd´ ich jetzt gar verrückt?

So fordert das Alter nun seinen Tribut,
du kleidest dich dicker und trägst einen Hut,
du schluckst viele Pillen, bist nicht gerne allein,
du lebst ohne Tabak und fast ohne Wein.
Faltig und schrumplig sind auch deine Hände,
deine Sehkraft lässt nach und du denkst an dein Ende,
doch das Fernsehn macht dir das Leben noch schön,
schnell mal gezappt was heut so geschehn.
Der nächste Tag kommt sicher dann wieder,
du ordnest und übst deine gehfaulen Glieder,
erfrischst dich, trinkst Kaffee, durchforstest sodann,
was sich in der Welt noch so alles getan.
Aus der Zeitung erfährst du´s, dabei kannst du rasten,
es stehn viele Leute im tiefschwarzen Kasten.

Die Erkrankung

Die Krankheit, das ist ganz bestimmt
ein Übel, weil es Kraft dir nimmt.
Sind auch die Keime noch so klein,
sie können doch dein Ende sein.

Sie überfallen Kopf und Glieder,
kämpfen Leukocyten nieder,
deine Abwehr wird ermatten,
du bist von dir nur noch ein Schatten.

Listig breiten sie sich aus,
dein ganzer Körper ist ihr Haus,
nimmst du dann gute Medizin,
rafft es die Keime wieder hin.

Jedoch nicht nur der Keime Kraft
hat manchen Hünen schon geschafft,
es gibt recht viele Möglichkeiten,
sich Körperschaden zu bereiten.

Der stürmt durchs Leben mit Bravour,
fällt hin und hat eine Fraktur,
den stört sein Wasserwerk beständig,
der wird durch Stress viel zu lebendig.

Der Nächste hat den Sonnenbrand
in seiner Wirkung glatt verkannt,
der fuhr zu schnell sein Motorrad,
worauf er nur ein Bein noch hat.

Dem fehlen Zähne im Gebiss,
der sieht den Tod schon ganz gewiss,
der hat Phobien Tag und Nacht
und wird im Schlaf stets umgebracht.

Der hat ´nen übersauren Magen,
der muss fortan ein Bruchband tragen,
der sieht nichts mehr trotz bester Brille,
der lebt nach Schlaganfall ganz stille.

Der Krebs trifft viele, viele Leute,
der Herzinfarkt macht reiche Beute,
die Psyche macht auch manchen krank,
doch es gibt Ärzte, Gott sei Dank!

Vorsorge

Ausgewogen sollst du essen
und das Trinken nicht vergessen,
es ist dein Fundament im Leben
und kann dir Gesundheit geben.

Bewegung hält dein Herz in Schwung
und deinen Kreislauf fit und jung,
die Muskeln werden gut bewegt,
kein Rost sich auf Gelenke legt.

Hygiene ist für dich sehr wichtig,
betreibe diese aber richtig,
ohne Zeitdruck, mit Genuss,
weil übern Tag dies halten muss.

Nutz den Computer in der Birne,
die Schaltungen in deinem Hirne,
beanspruche so deinen Geist,
was dich als Aktivist ausweist.

Liebe deiner Arbeit Pflichten,
erfüll sie gut, was dann mitnichten
dein Seelenleben sorgsam pflegt,
dich mit Zufriedenheit belegt.

Sei für die Deinen stets bereit,
genieß auch deine freie Zeit,
musst manchmal eine Reise buchen
und den Kontakt zu Menschen suchen.

Sei fröhlich in des Tages Last,
ohne Hektik, ohne Hast,
sei ausgeglichen, voller Schwung,
dann bleibst gesund du und auch jung.

Im Freundeskreis sei ausgelassen,
du darfst hier auch zum Glas mal fassen,
mach hin und wieder einen drauf,
das richtet dich dann wieder auf,
gibt Disziplin und innre Kraft,
dann wird nochmal so gern geschafft.

Doch was genetisch vorgegeben
und schicksalhaft in unserm Leben,
wir tragen es zu jeder Stund´,
es macht den Tagesablauf bunt
und unser Leben, das ist klar - unberechenbar.

Die Krankenkasse

Millionen, also größte Masse
sind im Schoß der Krankenkasse,
die uns Patienten dann versorgen,
wenn wir einmal krank geworden.
Schon bei Geburt trittst du dort ein,
mit Recht auf einen Krankenschein,
den legst du auf des Arztes Tresen,
wenn du einmal krank gewesen.

Heut brauchst du keinen Krankenschein,
du setzt die Chipkarte nur ein -
Der Arzt kann nun die Leistung kriegen,
um deine Krankheit zu besiegen.
Die Abrechnung ist sehr bequem
und nennt sich Solidarsystem -
gar viele zahlen fleißig ein
und dann setzt die Verteilung ein.

Zuerst gibt es die Einbehaltung
zur Bezahlung der Verwaltung -
die Gehälter sind nicht schlecht,
doch für den Stress gerade recht.
Sie prüfen, schreiben, kontrollieren,
um Ausgaben zu dezimieren,
denn jeder ruft ich hätt´ gern mehr,
gebt von dem schnöden Mammon her.

Für Ärzte, Pillen, Krankenhaus
gibt sie große Summen aus,
für Pflege, Reha, Kuren, Zähne,
doch auch die Werbung ich erwähne.
So schmilzt das schöne Geld dahin,
bis nichts mehr in dem Töpfchen drin.
Der Zustand wird ganz rasch behoben,
die Beitragssätze angehoben.

Doch bald erklingt die Jammerkunde,
Empörung macht erneut die Runde,
es zeigt sich, dass trotz Zuschusssteuer
das Loch schon wieder ungeheuer.
Ja, wirst du einst final erkalten,
die Krankenkasse wird´s verwalten.

Im Krankenhaus

Im Krankenhaus mit vielen Betten
will man dir dein Leben retten,
ob Unfall, Notfall, alt ob jung,
du brauchst vom Arzt die Einweisung.

Die Aufnahme ist bald geschehen,
dann kannst du auf dein Zimmer gehen,
hat Fernseher und Telefon,
ein frisches Bett, das siehst du schon.

Den Nachttisch und den schmalen Spind
füllst du mit Sachen auf geschwind,
dann fragt man wieder Leid und Name,
jetzt für die Stationsaufnahme.

Nun kommt der Doktor der Station,
die erste Frage zeigt dir schon,
dass ihn dein Schicksal sehr bewegt,
er deine Leiden in sich trägt.

"Wie geht´s uns denn"? hat er gesagt,
dann wirst du richtig ausgefragt -
dokumentarisch aufgeschrieben,
auch das Telefon der Lieben.

Der Blutdruck wird noch schnell gemessen,
Puls und Fieber nicht vergessen,
das Stethoskop ans Herz gelegt,
auch ob die Lunge sich bewegt.

Dann wird ein bisschen Blut entnommen,
hat man Urin und Stuhl bekommen,
kann das Labor im Schnellverfahren
seine Parameter fahren.

Du isst noch was, legst dich ins Bett,
wenn ich´s schon überstanden hätt´,
ein letzter Zuruf an die Lieben,
das Testament ist auch geschrieben.

Zweifel ziehen durch den Kopf,
dein Eingriff ist der letzte Zopf,
der dich am Leben hält - o, je -
der Morgen naht mit der OP.

Die OP

Der Pfleger kommt, gibt dir ´ne Spritze,
drückt dir aufs Haupt die OP-Mütze,
zieht dir das OP-Höschen an
und auch den OP-Kittel dann.

Du bist ein bisschen schon benommen,
hast dies im Halbschlaf mitbekommen,
du rollst im Bett, merkst dieses kaum,
in den Vorbereitungsraum.

Ein Zugang wird bei dir gelegt
und du dann zu dem Tisch bewegt,
wo der Chirurg dich noch empfängt
und dich ins Land der Träume drängt.

Erneut wird nun bei dir gespritzt,
bis in der Luftröhre dann sitzt,
der Tubus, der Beatmungsschlauch
für Sauerstoff und Schlafgas auch.

Der Chirurg ist nun zu Gange,
mal geht es schnell, mal braucht er lange,
doch danach wird er sicher sagen:
"Der schwerste Fall seit vielen Tagen".

Ist der Eingriff dann vollbracht,
du auch wieder aufgewacht,
wird der Tubus dir entnommen
und du auf Station genommen.

Ein Monitor passt auf dich auf
und zeichnet alle Werte auf -
die Schwester kommt in Zeitabständen,
man trägt dich förmlich hier auf Händen.

Mit Sedativa auf der Nase,
dem Katheter in der Blase,
am Ständer hängt die Infusion -
die Traumwelt war nur Illusion.

Du kehrst zurück von einer Reise,
da öffnet sich die Türe leise
für deine Lieben, still und bieder,
Gott sei Dank - du siehst sie wieder.

Auf Station

Es ist noch in der halben Nacht
und du noch nicht ganz aufgewacht,
da steht in deinem Zimmer schon
der Frühwaschgang von der Station.

Man reißt dich aus der Träume Welt,
weil man das Zimmer grell erhellt,
das Wasser läuft und deines auch,
dann wirst du freigemacht am Bauch.

Man wäscht dich im Intimbereich,
vor Gott sind alle Menschen gleich
und denkt bei manchem Schwesterlein:
Ich möcht bei dir gern Waschmann sein.

Dann misst man Puls und auch dein Fieber,
leert Pinkelflasche und den Schieber,
nun wird das Bett noch frisch gemacht
und das Frühstück dir gebracht.

Die Zähne werden dir geputzt,
die neue Zahnbürste benutzt -
nach zehn Minuten frischer Luft
verflüchtigt sich der Nachtgasduft.

Das Bettlaken wird nun gestrafft,
die Krümel aus dem Bett geschafft,
am Nachttisch muss noch Ordnung walten,
dann gilt´s das Fernsehn einzuschalten.

Bist du im Bett schön hergerichtet,
kritisch, positiv gesichtet -
wird bald die Visite kommen
und du in Augenschein genommen.

Arzeneien, Trinken, Essen
werden bei dir nicht vergessen,
so kannst du in vielen Stunden
kontrolliert und gut gesunden.

Hast du mit Widerspruch gesündigt,
dann wirst du fortan entmündigt.
Drum willst du bald gesundet sein
füg dich brav und still hier ein.

Ohnmacht - Macht - Allmacht

Ohnmächtig brav liegst du darnieder,
dein Körper schmerzt und deine Glieder,
du liegst erwartungsvoll ganz stille,
erloschen ist dein Kampfeswille.

Ergeben hängt nun dein Verstand
am Arzt, der grade vor dir stand,
der halb lateinisch sich erklärte,
dir seine Therapie bescherte.

Hast du die Ärzte oft belacht
und scherzend ihre Macht bedacht,
jetzt spürst du sie, strikt, unbedingt
und hoffst, dass sie dir Hilfe bringt.

Ohnmächtig liegt dein Schicksal nun
in Arztes Hand, der wird nicht ruhn,
dich zu betreuen Tag und Nacht
mit allem was in seiner Macht.

Du hoffst, dass er erfahren ist,
du nicht Versuchskaninchen bist,
ergibst dich seines Könnens Macht,
dass er das Beste für dich macht.

Zweifelnd schaust du auf das Tun
und spürst des Arztes Allmacht nun,
du musst den Ablauf jetzt erleiden,
denn du kannst nicht selbst entscheiden.

So hoffst du auf die Therapie,
des Arztes Kunst und Phantasie,
weil es um deinen Körper geht,
der hier im Mittelpunkt doch steht.

Wenn sie mit kurativem Können
so von Mensch zu Mensch dann rennen,
bist du ein Fall von vielen andern,
wenn sie durch die Zimmer wandern.

Ohnmächtg kamst du einst hierher,
du spürtest Macht und Allmacht sehr,
hoffst, dass dies recht bald überwunden,
du bald zu eigner Macht gefunden.
So voller Hoffnung frag dich dann,
was fange ich mit dieser an?

Die Krankenschwester

Beseelt und gefestigt in Pflicht und in Glaube
trugen die Schwestern früher ´ne Haube,
Bluse und Schürze waren gestärkt,
vom weiblichen Inhalt hat man nichts gemerkt.
Die Schuhe war´n klobig und meistens geschnürt,
der Rock wurde bis zu den Knöcheln geführt,
so eilten sie sittsam, hilfreich und nett
von einem zum anderen Krankenbett.

Heut in fast jedem Krankenhaus
seh´n die Schwestern sexy aus,
erfreuen manches Männerherz
und vertreiben deren Schmerz.
Die Leiden werden leicht gemacht,
wenn die Schwester gerne lacht,
doch wenn sie Ärger hat zu Haus,
sieht ihr Verhalten anders aus.
Der Patient als großer Kenner
weiß Schwestern, das sind niemals Männer -
die werden Pfleger hier genannt
und sind den Schwestern sehr verwandt.
Der Pfleger ist ein Spezialist,
der weiß, dass er der beste ist.
Sieht er in Schwestern oft ein Luder,
er wird niemals Krankenbruder.

Mit mütterliche Art und Weise
und ihrer Stimme, sanft und leise
beeinflusst sie des Kranken Leid,
hält Kraft und Wärme so bereit.
Wie einstmals in der Babypflege,
mit viel Gefühl bei ihrer Hege,
sehr viel Verständnis trägt ihr Handeln,
die Art Patienten zu behandeln.

Beherzige aber:
Schon in der Bibel steht geschrieben:
Du sollst deinen Nächsten lieben,
doch hüte dich vor allem Bösen:
Krankenschwestern und Friseusen.
Niemals würde ich so lästern,
denn ich kenn´ nur liebe Schwestern,
besonders dann im Krankenhaus,
bring ich ein "Hoch" den Schwestern aus.
Jeder Kranke weiß es schon,
sie sind die Seele der Station.
Und manche von den netten Bienen
sind ihm dann nachts im Traum erschienen.

Der Besuch

Das Programm im Krankenhaus
füllt den Tag weiß Gott nicht aus.
Man vergammelt viele Stunden,
träumt und döst in kleinen Runden.

Da wird mal hier und da geschwätzt,
das Hirn ganz kurz in Gang gesetzt
und oft die Türe anvisiert,
ob nicht Besuch hereinspaziert.

Da passiert´s , Besucher eilen,
um beim Nachbarn zu verweilen -
doch dann wird man noch selbst beehrt
und mit Blumen reich beschert.

Erwartungsvoll schaut man dich an,
wird auch genug für dich getan:?
Nachdem man all dein Leid vernommen,
wirst du Ratschläge bekommen.

Die Tante Anna hatt´ es auch,
sie kriegte Spritzen in den Bauch.
Und Schäfers Kurt ganz fürchterlich,
hatt´ Schmerzen, schrie und krümmte sich.

Jedoch bei mir säh´ es gut aus
und sicher käm´ ich bald nach Haus -
so hat man mir viel Mut gemacht
und Neuigkeiten mitgebracht.

Verwundert hab´ ich dann vernommen,
man wäre öfters schon gekommen,
wenn auf dem Krankenhausgelände
man sicher einen Parkplatz fände.

Der Nächste, er verbarg es nicht,
ihm stand die Neugier im Gesicht,
er fragte mich beflissen aus
und posaunt es jetzt heraus.

Dann kamen Freunde auch vorbei,
erzählten mir so allerlei,
wir lachten, tauschten Zoten aus
und ich sehnte mich nach Haus.

Die Seelsorge

Dann ist der Pfarrer auch gekommen
und hat mich ins Visier genommen:
"Mein Sohn", so grüßt er huldvoll mich,
"ich habe nun viel Zeit für dich".

Ich lieg im Bett und kann gut ruhn,
hab auch nichts anderes zu tun,
so hör´ ich was der fromme Mann
mir Sünder denn erzählen kann.

Zuerst verteilt er Zettelsprüche
aus seiner Seelenrettungsküche.
Die Quelle war auch angegeben
zum Aufbau für mein Seelenleben.

Er legte seine Bücher ab
und sprach vom Wetter an dem Tag,
wollt wissen, ob ich Schmerzen trage
oder ob mich sonst was plage.

Mein Schicksal hat ihn intressiert,
ich hab´s umfassend vorgeführt,
detailgetreu, penibel, klar,
warum ich in der Klinik war.

Der fromme Hirte hört mich an,
das hat mir sichtlich gut getan.
Danach hat er mir offenbart:
Die Seele ist der Heilung Start.

Ich fragte, woher er das weiß,
da wurd´ die Unterredung heiß,
er glaube dies, sei überzeugt,
die reine Seel vom Schmerz befreit.

Woher ganz schnell und bitte sehr
krieg ich ´ne reine Seele her,?
Ich räume hier ganz offen ein,
ich bin ein kleines Sünderlein.

Der Pfarrer hilflos Mitleid zollte,
ich spürte was er sagen wollte:
Für diesen Sünder ist´s zu spät -
er sparte sich das Schlussgebet.

Die Kirchenmacht

Nachdem der Kirchenmann enteilt,
bin ich gedanklich noch verweilt
bei dieser alten Seelenmacht
und welchen Einfluss sie gebracht.

Schon fast zweitausend Jahre lang
schlägt sie die Menschen in den Bann,
hat mit ihrer Ordnungskraft
devote Hierarchie erschafft.

Sie half dem Mensch in seinen Nöten
mit Unterstützung und Gebeten,
gab Disziplin und fordert Liebe
in unserm menschlichen Getriebe.

Doch zog sie auch mit großem Heer
gewalttätig im Land umher
und hat geplündert und beraubt,
wer noch nicht an sie geglaubt.

Sie hat bald sehr viel Land besessen,
die Kreuzzüge sind unvergessen
und wer nicht an sie glauben wollte,
riskierte, dass sein Kopf dann rollte.

Sie griff mit ihrem Heiligenschein
tief in das Seelenleben ein,
das schlimmste Fegefeuer drohte,
wer vergaß die Zehn Gebote.

Die Beichte nimmt vom Seelenhort
die großen Sünden wieder fort
und kann dem Mensch in seinem Leben
wieder Kraft und Freude geben.

Die Religion hat ihren Brauch,
die andern haben diesen auch:
Sind tolerant sie, moderat,
sind segensvoll sie, in der Tat.

Fanatisch aber angefacht,
hat sie manch Unheil schon gebracht.
Es regiert die ganze Welt
der Glaube und das liebe Geld.

Die Visite

Die Übergabe ist gemacht,
die Station auf Schwung gebracht,
die Tageskurve liegt am Tisch,
die Visite nähert sich.

Draußen wird schon informiert,
ob irgendetwas war passiert,
dann füllte sich das Zimmer ganz
mit der Visite Kopf und Schwanz.

Der Stationsarzt geht voran,
diesem schließt sich hautnah an
die Stationsleitung, sehr wichtig,
sie kennt Patient und Zustand richtig.

Fragen werden dir gestellt
was den Zustand noch erhellt,
das muss die dritte Kraft aufschreiben,
soll es in Erinn´rung bleiben.

Man drückt die Hand, streicht übers Bett,
fragt was ich sonst noch gerne hätt´
und äußert sich sonst ganz zufrieden,
man muss sich in Geduld halt üben.

Der AiP-ler winkt noch flüchtig,
der PJ-ler nickt ganz tüchtig,
die junge Schwester schenkt ein Lachen,
sie wollen dich gesund doch machen.

Sie schaun was auf dem Nachttisch liegt
und was man sonst so hat gekriegt,
besehn das Foto von der Frau
und von den Kindern ganz genau.

Dann sind sie schon am nächsten Bett,
auch wenn man noch zwei Fragen hätt´,
die fallen in der Hektik Pein
immer hinterher erst ein.

Doch morgen kommt zu meinem Glück
der Visitenschwanz zurück,
dann stelle ich ihm meine Fragen
und kann auch Beschwerden sagen.

Ein normaler Krankenhaustag

Weil man mich so früh geweckt,
die Müdigkeit noch in mir steckt,
so gähne ich ganz unverholen
und will mich gleich im Schlaf erholen.

Bald kehrt Ruhe ein im Hause,
das Personal macht Frühstückspause,
ich schließe meine Augen zu
und hoffe auf ein bisschen Ruh.

Doch weil man gar nichts von mir hört,
werde ich alsbald gestört:
Erst von der Schwester mit dem Lachen,
dann will die Putzfrau sauber machen.

Die kann mit flotten, großen Strichen
den Boden blitzschnell sauber wischen,
die Nasszelle kommt auch noch dran,
dann riecht es stark nach Sagrotan.

Ich gebe meinen Schlafplan auf,
man trägt das Mittagessen auf,
danach, das weiß ich ganz genau,
herrscht Mittagspause hier im Bau.

Ich schlummre sanft in meinem Kissen,
da will die Schwester noch schnell wissen:
Konnten sie sich heute Morgen
denn per Stuhlgang schon entsorgen?

Ich sagte nein, da wurd´ mir klar,
dass dies ein großer Fehler war:
Klystier im Po, saß ich bald schon
verzweifelnd drückend auf dem Thron.

Dann kam Besuch, das war sehr schön,
doch bald nach dem Auf Wiedersehn
wurd´ schon das Abendbrot gebracht
und ich gebettet für die Nacht.

Das Fernsehn bracht´ bis zum Erbrechen
Mord und Sex, Sport und Verbrechen.
Danach schlief sanft und tief ich ein,
da kam die Nachtschwester herein:
Schlafen Sie, Sie wissen ja,
die ganze Nacht bin ich jetzt da.

Gemeinsames Tafeln

Sozialverhalten wird geübt,
auch wenn die Stimmung mal getrübt.
Bist du gestylt und körperfrisch,
dann kommst du an den Frühstückstisch.

Langsam rollen alle ein
und können sich behilflich sein.
Der eine lacht, der andre spricht,
der kommt mit grimmigem Gesicht.

Hat auch der Morgenmuffel Sorgen,
er sagt noch nicht mal guten Morgen,
stopft das Morgenmahl in sich
und verlässt den Frühstückstisch.

Die meisten aber grüßen, lachen
und berichten all die Sachen,
die der Abend noch gebracht
und wie sie ihre Nacht verbracht.

Man hilft sich, man bedauert sich,
alles schon am Frühstückstisch
und stürzt sich wohlgestärkt sodann
in die Übung vom Programm.

Dann folgt zum mittäglichen Mahl
erneut das gleiche Ritual -
die meisten sind ganz froh und heiter,
der Morgenmuffel muffelt weiter.

Und wieder dann beim Abendessen
haben wir am Tisch gesessen,
erzählt, was man so mit uns machte
und was der Tag ansonsten brachte.

Wer von den Schwestern lieb und nett,
wen man recht gern erschossen hätt´,
wer heute sehr kurz angebunden
und wen man wieder toll gefunden.

Dann werden wir ins Bett gebracht,
man wünscht uns eine gute Nacht,
beim Fernsehn oder Mondenschein
schläft die Tischgesellschaft ein.
Morgen, das ist unser aller Hoffen,
wird sich am Tisch erneut getroffen.

Der wehleidige Patient

Sind Körper und Seele total geschwächt,
geht es dem Kranken wirklich schlecht,
dann liegt er friedlich wie ein Hund,
erfreut sich jeder Lebensstund.

Er akzeptiert, was man auch tut -
doch geht es ihm dann wieder gut,
dann klagt er, ganz egal worüber,
er meint es schmerzt, ich sterbe lieber.

Fasst man ihn an, dann jault er schon
und fleht in weinerlichem Ton,
die Schmerzen stehn ihm im Gesicht,
ihr tut mir weh, merkt ihr das nicht?

Ich wünschte euch von ganzem Herzen
nur einmal meine großen Schmerzen.
Was habe ich denn nur verbrochen:?
Ich leide hier ununterbrochen.

Dreht man ihn rum, dann ächzt er wieder,
ihr brecht mir hier noch meine Glieder,
vom Haaransatz bis zu dem Zeh
tut ihm alles ständig weh.

Man fragt was er denn gerne möcht´
und hört man macht ihm gar nichts recht,
das Leben bringt ihm nur Verdruss,
er glaubt, dass er bald sterben muss.

Dann wechselt man ihm den Verband,
er stöhnt: Seid ihr noch bei Verstand
mich hier so herzlos anzugehn?
Ach, könnte ich nach Hause gehn.

Hat die Tabletten nicht gegessen,
mäkelt dauernd `rum am Essen
und sitzt er dann auf seinem Schieber,
äußert er: Ich kotze lieber.

Er kann nicht schlafen, ihm ist schlecht,
wird missverstanden, nichts ist recht.
Die Schwestern lässt das aber kalt,
man weiß, wer jammert wird meist alt.

Der aktive Patient

Er hat wie viele Krankheitssorgen,
doch grüßt er fröhlich uns am Morgen
und weiß trotz aller Not und Schmerzen
mit andern Menschen noch zu scherzen.

Er muntert die Umgebung auf,
sieht positiv den Tageslauf,
kann uns mit seinem frohen Lachen
schon am Morgen Freude machen.

Was er noch kann, macht er allein,
sein Ziel ist selbständig zu sein,
so wurschtelt er geduldig rum,
bringt täglich seine Zeit so um.

Der Schmerz, wenn es beim Üben zwickt,
der wird ganz tapfer weggedrückt,
lieber einmal mehr trainieren
als Muskelkräfte zu verlieren.

Er ruht im Zimmer sich nicht aus,
er denkt sich Übungen dort aus
und mit diesem Tun am Tage
verbessert er noch seine Lage.

Wenn es gewünscht, bietet er dann
auch andern seine Hilfe an,
hilft diesen mit viel Freundlichkeit
über deren Not und Leid.

Unentwegt spricht er bald schon
mit allen Menschen der Station,
flachst und ulkt, hört zu und spricht,
das Wörtchen Hemmung kennt er nicht.

Er therapiert auf diese Weise,
ohne Rezeptur ganz leise,
mit seiner freien, frohen Stimmung
die tristen Seelen der Umgebung.

So ein Mensch ist gern gesehn
und muss er einst nach Hause gehn,
fehlt der Station ein froher Lacher
und ein aktiver Stimmungsmacher.

Die Unvernunft

Ob Herzinfarkt, ob Schlaganfall,
man möchte doch auf jeden Fall,
dass du dein Leiden überstehst
und dann gesund nach Hause gehst.

Man stellt dich also auf den Kopf
und hängt dich dann an einen Tropf,
gibt viele Spritzen und Tabletten,
nur um dich bestimmt zu retten.

Am Anfang liegst du schwach darnieder,
du hoffst und betest immer wieder:
Wenn ich dem Tode sollt´ entkommen,
dann habe ich mir vorgenommen:

Ich will ein braver Mensch dann werden,
sündenfrei auf dieser Erden,
will fleißig sein und nimmer ruhn
ganz viel Gutes noch zu tun.

Schlägt die Therapie dann an
ändert sich der Lebensplan:
Was du dir grade vorgenommen
ist schon wieder leicht verschwommen.

Du rauchst, obwohl das streng verboten,
trinkst täglich Wein, am liebsten roten,
bist ständig irgendwas am Kauen
und trinkst gern Schnaps: "Nur zum Verdauen".

Mit den Tabletten - widerlich -
bist du auch recht liederlich,
du fühlst dich stark und sehr gesund
und sündigst wieder, Stund um Stund.

Lang hält dein Körper das nicht aus,
du kehrst zurück ins Krankenhaus
und erklärst voll Ungemach,
dass die Tabletten viel zu schwach.

Die Parameter aber sagen
was du getan an all den Tagen.
Noch schön wär´s heut im Paradies,
wenn man das Unvernünft´ge ließ.

Der Transportdienst

Du musst erkrankt im Bette liegen
und hoffst die Krankheit zu besiegen,
doch diesmal hat´s dich schwer erwischt,
die Therapie zu Haus hilft nicht.

Nun kommt ein Krankenwagen her,
egal ob Leichtgewicht, ob schwer,
man packt dich auf ´ne schmale Liege
und schleppt dich über Flur und Stiege.

Man wird mit Gurten dich anschnallen,
so kannst du nicht herunterfallen
und dich im Auto arretieren,
dann können sie dich nicht verlieren.

Du unterschreibst noch einen Schein,
zur Abrechnung muss dies so sein,
dann wird der Motor angelassen
und man begibt sich auf die Straßen.

Mit forschem Blick und nur nach vorn,
mit Blaulicht und mit Martinshorn,
saust man mit dir durch den Verkehr
und treibt die Autos vor sich her.

Man bremst, gibt Gas und schaukelt dich,
die ganze Fahrt ist fürchterlich,
du fragst dich: Muss das denn so sein:?
Hat der ´nen Rally - Führerschein?

Im Krankenhaus auf der Lafette
bringt man dich ganz schnell zu Bette,
auch wenn dein Skelett noch knarrt,
man hat dich gut hierhin gekarrt.

Auf der Station von Fall zu Fall,
zum Röntgen, CT, Ultraschall,
wirst du im Bett herumgeschoben,
hier muss ich alle Helfer loben.

Der Fahrdienst aus dem eignen Haus
fährt dich besonnen ein und aus,
mit ihm kannst reden du und lachen
und brauchst kein Testament zu machen.

Isolde

Alles was ich von ihr wollte,
das gab sie mir, die Isolde.
Tag und Nacht lag sie bei mir
wie ein braves Kuscheltier.

Sie war nackt und auch recht klein
und durfte immer bei mir sein.
Sie war nicht hübsch und hatte auch
einen kleinen, süßen Bauch.

Sie zeigte mir stets ihren Mund,
der war groß und kugelrund
und ich gestehe ebenfalls,
sie hatte einen langen Hals.

Wenn ich sie brauchte und erfasste,
sah ich, dass sie prima passte,
willig gab sie sich dann hin,
ich war es los, sie hatt´ es drin.

Dann wurde sie an allen Tagen
willenlos davon getragen,
nun in Erwartung was passiert,
durchgespült und retourniert.

Isolde war sehr treu und bieder,
erfreute jeden Tag mich wieder,
war schweigsam, duldsam und sehr nett
und schubste mich nicht aus dem Bett.

Niemals hatte sie geklagt,
nie ein böses Wort gesagt,
alles nahm sie von mir hin,
die ideale Partnerin.

Die lange Zeit im Krankenhaus
hielten wir gemeinsam aus,
als ich dann endlich wurd´ entlassen
durft´ ein andrer Kerl sie fassen.

Isolde war dies doch gewöhnt
und hat den nächsten Bursch verwöhnt.
Pflicht war ihr dies und große Masche
Isolde war die Pinkelflasche.

Das Stationspersonal

Sei höflich und freundlich, devot allemal
zum weiß gekleideten Hilfspersonal.
Die helfen dir nämlich bei Tag und bei Nacht,
was zu Hause höchstens die Ehefrau macht.

Die Putzfrau, der Zivi, die Schwestern und Pfleger,
sie springen herum wie im Kral einst die Neger,
doch nicht aus Freude und Übermut,
nein weil man im Eiltempo Dienste hier tut.

Wer dauernd in seinem Bett überlegt,
wie er die dienstbaren Geister bewegt,
macht unbeliebt sich und hat bald entdeckt,
dass seine Klingel wahrscheinlich defekt.

Die Klingel, das Schwesternbewegungsgerät,
den ganzen Tag zur Verfügung dir steht,
doch solltest du dieses niemals gebrauchen,
wenn Pause ist und die Helfer mal rauchen.

Sag niemals du wüsstest, dass sie sich gern setzen
und dabei dann immer Privates beschwätzen,
du kommst auf den Index, wirst mit Hochmut beschieden
und gleich bei den Ärzten als Missmut beschrieben.

Berechtigter Unmut darf nie dazu führen
die dienstbaren Geister zu kritisieren.
Dann wird man dich kurz und schweigsam versorgen,
du hoffst auf Vergebung und ein besseres Morgen.

Sag niemals du hättest schon lange gewartet,
weil stets dann die gleiche Entschuldigung startet:
Die Klingel geht dauernd, wir hetzen herum,
zwei Notfälle noch, das Programm bringt uns um.

Wenn sich von den Schwestern der Drache ankündigt,
dann ordnet man an und du fühlst dich entmündigt.
Doch die meisten sind lieb und verständnisvoll
und erledigen ihre Arbeit ganz toll.

Ja, bist du fröhlich und neigst auch zu Scherzen,
dann lachen auch sie, du gewinnst ihre Herzen,
und gehst du sogar auf Persönliches ein,
dann kommen sie gern in dein Zimmer herein.

Die Entlassung

Die Tage im Krankenhaus waren gezählt,
meine Kraft und Gesundheit gestählt,
ich wurde erneut durch die Mühle gezogen,
mein Zustand für gut und stabil bewogen.

Vom pathologischen Übeltäter
bestimmte man nochmal den Parameter,
die Schlussuntersuchung war umfangreich,
auch letzte Geldeinnahme zugleich.

Alle wünschten mir Gutes und Glück
und sehnten mich niemals wieder zurück.
Ich möge zu Haus nun mein Leben gestalten
und fröhlich dort meine Tage verwalten.

Nun packte ich all meine Sachen ein
und steckte sie in meinen Koffer hinein.
Ich wunderte mich was in den paar Tagen
wurde zu mir in das Zimmer getragen.

Nachdem ich alles und glücklich verstaut,
hab´ ich nochmal mein Zimmer beschaut,
sah dankbar zu meinem Bettchen hin,
in dem ich so krank gelegen bin.

Dann nahm ich Abschied vom Zimmergenossen,
mit guten Wünschen drückt´ ich ihm die Flossen,
wir wollten auch künftig verbunden bleiben,
versprachen uns deshalb öfter zu schreiben.

Ich zog über´n Flur zum Stationszimmer hin,
da saßen die Pfleger und Schwestern drin.
Der Abschied war wehmutsvoll, fast etwas schmerzlich,
ich war tief ergriffen und dankte ganz herzlich.

Nach Spenden in die Kaffeekassen
war ich erleichtert und wurde entlassen.
Die Karte fürs Telefon gab ich zurück
und wünschte der ganzen Station sehr viel Glück.

Der Doktor sagt lächelnd: Wir haben obsiegt
und Sie kranken Mann wieder hingekriegt.
Er gibt mir die Hand, hält die Türe noch auf,
sagt der Arztbrief kommt bald - ich warte noch drauf.

Die Reha

Du wurdest von Station entlassen,
nach Hause, dort zum Kräftefassen,
da erhältst du den Bescheid:
Die Reha ruft, halt dich bereit.

Du packst erneut und ziehst diesmal
in das Reha - Hospital.
Du wirst gemustert, eingeteilt,
der Aufbauplan hat dich ereilt.

Weil du in der Reha bist,
machst du was dir möglich ist.
Die Funktion, noch sehr verhalten,
wird man hier im Auge halten.

Dafür gibt es einen Plan,
morgen fangen wir gleich an.
Wir üben ganz gezielt und ständig,
bis der Muskel wird lebendig.

Nach der frühen Kaffeestunde
startete die erste Runde
und da wurde mir schon klar,
dass Reha nicht Erholung war.

Die Trainer saßen mir im Nacken,
dauernd musst´ ich übend packen,
es artete in Arbeit aus
und ich sehnte mich nach Haus.

Man fasste mich an meiner Ehre,
ob ich denn ein Weichei wäre
und so hielt man mich stets dran,
an meinem hochgelobten Plan.

Die Faulheit habe ich besiegt
und verbissen dann geübt,
Verbesserung stellt sich bald ein
und ich konnt´ zufrieden sein.

Ich kam "gut aufgebaut" nach Haus
und ruhte mich da erst mal aus,
fing bald zu üben wieder an
nach bewährtem Rehaplan.

Rückkehr in die liebende Familie

Die Sippschaft kommt ins Krankenhaus
und holt dich armen Kranken raus.
Die Haustür ist so bunt geschmückt:
"Wir lieben dich" - du bist entzückt.

In der Stube auf dem Tisch
steht ein Blumenstrauß für dich -
der Dackel hüpft vor Freude hoch,
das liebe Tierchen kennt dich noch.

Dein Lieblingsessen wartet schon
und Heino singt vom Grammophon -
Alle strahlen voller Glück:
Der ach so Kranke ist zurück!

Da geht die Zimmertüre auf:
Verwandtschaft kommt und gleich zu Hauf,
auch Freunde finden sich noch ein,
jetzt gibt´s für alle erst mal Wein.

Die Stimmung steigt und Lieder klingen,
die die Gesundheit nun besingen -
der Heimgekehrte, fast besoffen,
kann so auf schnelle Heilung hoffen.

Dem Wohlergehen stets verpflichtet,
der Fernsehsessel wird gerichtet -
er lässt sich müde darin nieder,
erholt dort Leber, Geist und Glieder.

Mit dem letzten Sonnenschein
schläft er tief erholsam ein.
Im Fernsehn war ja auch nichts los,
der Dackel schläft auf seinem Schoß.

Die Lieben im Familienkreise
sind rücksichtsvoll und gehn ganz leise,
auf dass der Kranke unbeschwert
Gesundung auch zu Haus erfährt.

Alle sind sehr liebevoll
und versorgen ihn ganz toll.
Er geniesst dies überaus
in Familie und zu Haus.

Rückkehr in die wohlmeinende Familie

Nach Reha und dem Krankenhaus
kommst du endlich dann nach Haus,
wo du dein Leben einst gestaltet
und Hobby, Haus und Hof verwaltet.

Im Garten fehlt der Fliederstrauch
und die Rosenbeete auch -
die waren leider krank geworden,
also musst´ man sie entsorgen.

Das Wohnzimmer ist neu gestrichen,
die Bilder anderen gewichen,
die Möbel alle umgestellt -
du kommst in eine fremde Welt.

Derweil du krankenhausverweilt
hat man alles neu verteilt,
die Post, es ist zum Haare - Raufen,
liegt auf einem großen Haufen.

Dann bittet man dich auch zu Tisch
und sagt wir freun uns fürchterlich,
dass du nun wieder bei uns bist
und mit in unsrer Runde isst.

Nimm mehr Gemüse, lass das Fleisch,
vitamin-, ballststoffreich
werden wir dich nun ernähren,
dir wahren Essgenuss bescheren.

Ohne Fragen, doch mit Macht
wurdest du ins Bett gebracht.
Du hast ja sonst nichts mehr zu tun,
darum solltest du jetzt ruhn.

Mein Lieblingspulli ist verschwunden,
mein Sportzeug - Liebhaber gefunden,
die alt-bequemen Schuhe weg
und das Werkzeug ist voll Dreck.

Vielleicht hast du zu viel gesündigt,
man fragt nicht mehr, du bist entmündigt -
besorgt, wie alle sich bemühen,
vollkontrolliert wirst du nun ziehen
durch des Lebens Freud und Plage
und denkst an vergangne Tage.

Der Partner

Ei, der Partner gibt es viele,
im Tennis und beim Lottospiele,
im Geschäfts- und Alltagsleben:
Viele Partner wird es geben.

Erreichtest du in innrer Findung
einstmals die Familienbindung,
wirst du jetzt nach vielen Jahren
daraus Vorteile erfahren.

Die Familie schafft Kontakt,
wenn dich trübe Stimmung packt,
die Kinder helfen dir dann viel,
geben dir ein sichres Ziel.

Du kannst dich nicht hängen lassen,
musst dir Vorsätze nun fassen,
mit Mut und Kraft und deinen Lieben
manche Ungemach besiegen.

Wirst du ganz verzweifelt sein,
fällt der liebe Gott dir ein
und in deinen großen Nöten
fängst du plötzlich an zu beten.

Du hoffst dann, dass mit seiner Kraft
deine Krankheit bald geschafft,
dass er dir recht gnädig sei
und das Leiden rasch vorbei.

Auch andre Partner aus dem Leben
werden Trost und Hilfe geben,
doch ist dies oft nebensächlich,
weil zumeist sehr oberflächlich.

Ein guter Partner steht dir nah,
dein Arzt mit Team ist für dich da,
man therapiert dich täglich
und tut was eben möglich.

Im Alter doch erkennst du dann,
wie gut und schön ist das Gespann,
das hochbewährt und wohlbekannt
ganz einfach Ehe wird genannt.
Das sei den Singles mitgeteilt,
eh diesen ihre Zeit enteilt.

Die Kur

Das Glück war dir hold, du erhältst eine Kur,
du enteilst der Familie in grüne Natur
und darfst dir nach Plan deine Koffer nun füllen
und hoffst auf Genesung im Grünen und Stillen.

Du bist dann ganz pünktlich auch angereist,
was schon deine große Freude beweist,
wirst aufgenommen, und wie immer,
belegst du erst einmal dein Zimmer.

Du hast ein Zimmer ganz allein,
du ordnest deine Sachen ein,
dein Bett ist hart, die Aussicht schön,
der Park ruft zum Spazierengehn.

Doch erst musst du zum Kurarzt schreiten,
der untersucht von allen Seiten,
liest deinen Arztbrief int´ressiert,
dann wirst du gründlich therapiert.

Du hast für jeden Tag fortan
einen ganz genauen Plan,
der immer zu erfüllen ist,
solange du im Hause bist.

Erst Frühsport in dem Trainingssaal,
dann ein karges Frühstücksmahl,
denn man bekämpft mit List hier auch
die vielen Pfunde um den Bauch.

Du eilst nun zum Kurmittelhaus,
ziehst dich dauernd an und aus,
mit Übungen, Massagen, Schwimmen
will man die Gesundheit trimmen.

Geduldig machst du alles mit,
Anstrengung auf Schritt und Tritt,
doch ist der allergrößte Flop
der tausend Kalorien Stopp.

Dann endlich nach dem Abendessen
kannst du alles dies vergessen,
du gehst schnell in die Hähnchenklause
und machst mit Kumpeln eine Sause.
Du bist dem Schatten auf der Spur:
Hoch lebe die Gesundheitskur!

Die allgemeine Vereinsamung

Schon als Kind warst du ungern allein,
du wolltest immer bei Freunden sein,
du fiebertest diesen Treffen entgegen
und führtest ein fröhliches, unstetes Leben.

In Schule, Beruf oder Studium
trieb es dich eifrig mit Freunden um,
besonders am Abend hat es dich gepackt,
da suchtet du ständig zu Menschen Kontakt.

Das gabst du jedoch in der Jahre Lauf
durch deinen beruflichen Einsatz auf.
Der Freundeskreis wurde noch etwas gepflegt
und Wert auf Erholung und Ruhe gelegt.

Gesellschaftsveranstaltung, Kneipe und Ball
wurden zu selten besuchtem Fall,
Aufgaben in dem Familiennest
hielten dich immer stringenter fest.

Nur Urlaub, Events und ein bisschen der Sport
lockten dich aus deiner Heimstatt mal fort,
dafür hast du abends beim Fernsehn gesessen
und dir einen kleinen Bauch angefressen.

Bewegungen fielen dir dann etwas schwer,
dafür wurd der Bierkasten aber schnell leer.

Du warst jetzt am allerliebsten daheim,
hier konntest du froh und zufrieden sein.

Darunter leidet, wie jeder weiß,
am allermeisten der Freundeskreis.
Geburtstags- und Weihnachtspost hast du vergessen,
dafür aber gerne beim Fernsehn gesessen.

Freunde starben und sind auch verzogen,
das hat dich dann in deiner Ansicht bewogen:
Das Alter hält keine Freude bereit,
du fielst immer mehr in die Einsamkeit.

Einsam, allein stehst am Ende du da,
wo das Leben so bunt und so fröhlich doch war.
Der Geist wird dement, die Bewegung wird schwach,
der Kontakt zu den Menschen lässt immer mehr nach.
Die Familie allein und ihr folgendes Leben
kann Freude, Auftrieb und Stütze noch geben.

Die Hoffnung

Die Hoffnung stirbt zuletzt,
der Ausspruch hat besetzt,
dass jeder Mensch in seinem Innern
sieht die Hoffnung stetig schimmern.

Als Kind hofft man am Weihnachtstag,
dass er den Fußball bringen mag,
der Wunsch, wird er erfüllt,
die große Hoffnung stillt.

In der Schule hofft man sehr
auf Nachsicht, Gnade und noch mehr,
hofft, dass trotz ganz geringer Taten
die letzte Arbeit noch geraten.

Man erhofft die Gunst der Stunde
bei der schönen Kunigunde,
hofft, dass lieb und zart sie ist
und mein Schwarm mich endlich küsst.

Am Ende der Lehre erhofft man dann sehr,
dass die Prüfung bestanden und nicht so schwer.
Man hofft auf den progressiven Start,
mit Glück, Erfolg und Geld gepaart.

Und weiter erhofft man recht folgenschwer
viel Glück und Segen familiär,
wenn SIE einst guter Hoffnung ist,
dass das Kind gesund dann ist.

Wenn ein Schicksalsschlag gekommen,
hofft man, dass er bald genommen,
hofft, die Krankheit möge gehn
und das Leben wieder schön.

Die Hoffnung ist dem Mensch gegeben,
sie durchzieht sein ganzes Leben,
hilft ihm auch zu allerletzt,
denn die Hoffnung stirbt zuletzt.

Darum, Mensch, bist du betroffen,
du musst stets und ständig hoffen,
mag sie unerfüllbar scheinen,
sie soll dich mit Glück vereinen.
Die Hoffnung ohne Stolz und Geld
ist das Korsett auf dieser Welt.

Die Behinderung

Ein Mensch wird vom Schicksal hart getroffen,
er lebt in Erwartungen, Sehnen und Hoffen,
dass seine Behinderung langsam vergeht
und er nochmal besser im Leben steht.

In stillen Stunden denkt er daran,
was er im Leben früher getan,
er sieht nun den Radius in dem er lebt,
aus dem er sich hoffentlich wieder erhebt.

Man machte ihm Hoffnung und sprach von viel Zeit,
die Genesung hält stets Überraschung bereit,
so hofft er auf diese und gibt sich ihr hin,
das Leben hat so nur noch recht schmalen Sinn.

Nach außen spielt er den starken Mann
und nimmt die Behinderung erst einmal an,
er macht seine Übungen, Tag für Tag
und hofft, dass dieses ihm helfen mag.

Er hat sich derweil an den Zustand gewöhnt,
sich ein bisschen mit seiner Krankheit versöhnt,
er darf und will sich nicht hängen lassen,
will er die Zukunft nicht gänzlich verpassen.

Es geht alles langsam, das ärgert ihn mächtig,
jeder Handlungsablauf überlegt und bedächtig
und manche Funktionen sind immer noch schlecht,
wofür hat das Schicksal sich an ihm gerächt?

Und geht er dann in sich und fragt sich warum,
er kriegt keine Antwort, das Schicksal bleibt stumm.
So nimmt er es hin und beschäftigt sich eben,
eingeschränkt im gekappten Leben.

Die anderen reden und machen ihm Mut,
sie kommen mit Ratschlägen, meinen es gut,
ganz schlimm sind nur die, die berufen sich fühlen
und immer den großen Verbesserer spielen.

Man braucht sehr viel Kraft nach außen und innen,
dann kann das Leben Perspektiven gewinnen.
Gib niemals auf, du musst fleißig trainieren,
das mag zum erhofften Ziele dann führen.

Der medizinische Dienst

Eines Tages meldet dann
sich eine Kontrolle an,
du musst nun auf deren Fragen
unbedingt die Wahrheit sagen.

Wie groß bist du, was wiegst du so,
gehst du alleine auf das Klo,
kannst du noch die Zeitung lesen?
War Geschlechtsverkehr gewesen?

Wäschst du dich noch ganz allein
oder muss da Hilfe sein?
Kannst du den Kamm zum Kopfe führen
und dich auch noch gut rasieren?

Ziehst du dich alleine aus?
Kriegst du die Prothese raus?
Kannst du noch die Zähne putzen,
deine Fingernägel stutzen?

Rauchst du oder trinkst du gar?
Hast du einen grünen Star,
Diabetes mellitus
oder im Gehirn ´nen "Schuss"?

Brauchst du eventuell ´ne Brille?
Ist verfasst dein letzter Wille?
Hast du noch genügend Geld
für deine Tage auf der Welt?

Kannst du dich noch richtig pflegen
und allein ins Bett dann legen?
Ist was an dir hängt und bimmelt
irgendwo schon angeschimmelt?

Welche Pillen nimmst du ein,
kannst du froh und glücklich sein?
Bist du sklerotisch und dement,
muskelschwach, inkontinent?

Auch der Kontakt zu deinen Lieben
wird erfragt und aufgeschrieben.
Doch wäre alles ganz normal,
dann bist du kein Pflegefall.
Der MKD kennt nun dein Leid
und weiß über dich Bescheid.

Die Medizintechnik

Hast du einmal ein Handicap,
nimmt dir dieses niemand weg.
Du musst dein Leben neu gestalten
und dein Leiden selbst verwalten.
Als große Hilfe bietet dann
sich ein Sanitätshaus an,
dort findest du dann allemal
vielfach Hilfe vom Regal.

Bandagen, Pampers, Schieber, Krücken,
um deinen Körper zu bestücken:
Orthesen und Prothesen auch,
sowie ein Bruchband für den Bauch.
Nierenschalen, Schnabeltassen
und des nachts zum Wasserlassen
eine schlanke Pinkelflasche
und ein Notruf für die Tasche.

Egal ob mager du, ob fett,
du kriegst jetzt ein Elektrobett.
Und wenn du nachts beginnst zu zittern,
retten dich die Rundumgitter.
Wannenlift und hohes Klo,
einen Duschsitz sowieso,
den Nachtstuhl auch auf alle Fälle
für ganz schnelle Darmdurchfälle.

Haltegriffe überall
bewahren dich vor Sturz und Fall,
der Rollator hilft beim Gehen
und das Stehbrett halt fürs Stehen.
Der Rollstuhl hilft dich zu bewegen
auf ebenen und festen Wegen -
willst du steil den Berg hinan,
treibt er dich elektrisch an.

Katheter, Schuhe oder Schienen,
Türöffner zum Fernbedienen,
das Angebot ist unermesslich
und für den Kranken unerlässlich.
Für die meisten dieser Gaben
musst du ein Rezept auch haben,
der Kranke ist damit versöhnt,
doch die Krankenkasse stöhnt.

Der Pflegedienst

Der Radius des Lebens wird enger,
die Auflagen strikter und strenger,
schwach sind schon Arme und Beine
und vieles geht nicht mehr alleine.

Zur Pflege für einiges Geld
wird dann eine Fachkraft bestellt,
die lagert und reinigt und cremt,
die wäscht und anzieht und kämmt.

Sie stellt ihre Dienste bereit
zu abgesprochener Zeit.
Sie hat oft den Schlüssel vom Haus
und kennt sich bald überall aus.

Sie lächelt, ist höflich, packt zu,
erkennt deine Schwächen im Nu,
sie ordnet, macht auch ihr Umfeld noch rein
und teilt die Tabletten portionsweise ein.

Sie wechselt geschickt die durchnässten Verbände,
sie schneidet die Nägel, pflegt Füße und Hände,
sie hängt auch im Turnus die Flaschen dran
und schaut sich den Blasenkatheter an.

Sie leert den Beutel und wäscht den Po,
beruhigt den Patienten und stimmt ihn froh,
sie lagert den Körper mit Rollen und Kissen
und lässt ihre Freundlichkeit niemals vermissen.

Sie wäscht die Haare und legt sie dann ein,
sie öffnet das Fenster, lässt Frischluft herein,
sie stellt die Musik im Radio an,
dann kommt das Wäscheproblem noch dran.

Doch wie ein jeder Mensch hier weiß,
hat solche Leistung ihren Preis.
Also wird jetzt ungeniert
jeder Handgriff aufgeführt.

Die Krankenkassen wollen wissen,
was sie so bezahlen müssen.
Es ist der Leistungskatalog
sowohl ein Geld- wie Leistungstrog,
auch jeder Schluck beim Essen
wird hier nicht vergessen.

Der Pflegefall

Pflegestufe eins, zwei, drei,
gar zu schnell ist man dabei -
den Schicksalsschlägen in dem Leben
ist man ungefragt erlegen.

Hat es dich mal hart erwischt,
hilft dir alles Zetern nicht,
du musst dem Fakt ins Auge sehen
und nun neue Wege gehen.

Ein Glückspilz bist du sicher dann,
wenn man zu Hause helfen kann,
denn was auch immer dir passiert,
hier bist du häuslich integriert.

Brauchst du den Pflegedienst zu Haus,
richtest du dein Leben aus
auf die Zeit, die festgelegt,
wenn er kommt und dich dann pflegt.

Die Folge davon wird dann sein:
Du bist verplant, dein Leben klein.
Jetzt musst du, was noch geht probieren
und deine Hobbys aktivieren.

Es wird dir nicht viel übrig bleiben
außer lesen, malen, schreiben,
Fernsehn gucken, Radio hören,
am Telefon den Freund beehren.

Liegst du fest im Zimmer drin,
schmilzt dein Freundeskreis dahin.
Als schöner Halt bleibt aber doch
die Erinn´rung immer noch.

Man cremt und dreht und wendet dich,
ernährt dich gut und kümmert sich,
dass du, weil du jetzt lange liegst,
keine Druckgeschwüre kriegst.

Üb fleißig mit und mach nicht schlapp,
bring deinen Lebensgeist auf Trab
und sorg, dass du, so schlimm es ist,
geduldig und zufrieden bist.

Menschliche Wärme und Nähe

Kaum geboren liegt mit Lust
das Baby an der Mutter Brust,
es fühlt sich geborgen und wird dort ernährt,
wobei es wohlige Wärme erfährt.

Will nach der Mahlzeit das Bäuerchen drücken,
hilft aufrechte Haltung und Klopfen am Rücken,
es liegt an der Schulter, dann kommt mit Gebraus
das ach so störende Bäuerchen raus.

Fällt es mal hin und schreit voller Schmerz,
dann drückt es die Mutter gefühlvoll ans Herz,
sie gibt ihre Wärme, ist ganz nah bei ihm,
so wird sich der Kummer schon recht bald verziehn.

Ist mal die Schule ein einziger Graus,
dann hilft nur Verständnis und Wärme zu Haus.
Zusammen sitzen und sehr viel reden
kann so manche Klippe beheben.

Weiß man vom Wesen von Frau und vom Mann,
dann bahnt sich die erste Freundschaft bald an,
man hält sich die Hände, man drückt sich ganz fest
und träumt schon einmal vom gemeinsamen Nest.

Die Nähe zur Arbeit kann warm uns erfüllen,
die Nähe zum Partner die Sehnsüchte stillen.
Wir suchen so gerne ganz nahen Kontakt,
wenn uns die große Liebe gepackt.

Die Kinder betreun wir mit Wärme und Liebe
bei ihrem Gang durch das Lebensgetriebe.
Wir sind für unsere Freunde stets da
und stehen in Ansichten manchem sehr nah.

Die Älteren können in ihrem Leben
der Jugend viel Wärme und Nähe geben.
Die eigene Einsamkeit steigt dabei an,
man schaut sich vermehrt nun das Fernsehen an.

Jetzt steht man geistig noch einigen nah,
zur eignen Erwärmung sind Wollsachen da,
die Jahre gehn hin, du beginnst zu erkalten,
es leben die herzwarmen, uns nahen Alten.

Fortgeschrittenes Altern

Bist fortgeschritten du an Jahren,
wirst durch dein Alter du erfahren,
auch durch das Leben drumherum:
Deine Zeit geht langsam um.

Hast du auf der schönen Welt
deinen Abschied gut bestellt,
dann machst du dir noch einmal klar,
wie dein Leben denn so war.

Mal ruhig, mal stürmisch, mal verwegen,
mal im Regen, mal mit Segen.
Doch insgesamt, so siehst du ein,
konntest du zufrieden sein.

Du hattest eine Super-Frau,
lieb und treu, du weißt genau,
sie hat stets zu dir gestanden,
wenn sich Schwierigkeiten fanden.

Die Kinder sind recht gut geraten
und glänzen heut mit ihren Taten.
Sie gehen prächtig eingestellt
auf eignen Füßen durch die Welt.

War einst die Last auch groß und schwer,
du hast nun keine Schulden mehr.
Die Familie kann erwarten
der Arbeit Lohn mit Haus und Garten.

Reisen wurden auch gemacht,
viel gefeiert und gelacht -
die letzte Party ist lang her,
das macht nun keine Freude mehr.

Die Lebensabenddämmerung
genießt du mit Erinnerung,
du hast noch hier und da Kontakt,
wenn auch die Wehmut dich dann packt.

Wirst du am Tage öfter schlummrig
und dein Geist vermehrt auch schummrig,
dann stelle dich schon darauf ein:
Bald wird nun dein Abschied sein.

Der Tod

Der Mensch er kommt, der Mensch er geht,
das Leben nur dazwischen steht
und so wie du dereinst gekommen,
wirst du auch wieder weggenommen.

Dein Leben führtest du auf Erden,
konntest froh und glücklich werden,
sahst jedoch auch schwere Tage
mit Tränen, Mühsal, Arbeit, Plage.

Mit Fleiß hast du auf dieser Welt
deinen Lebensweg bestellt
und fragst: Wie wird das Ende sein?:
Im Abschied bist du ganz allein.

Noch immer ist es ungewiss
wann deine Zeit zu Ende ist,
so ziehst du durch des Lebens Lauf
und stehst morgens fröhlich auf.

Ob dich der Abend noch erlebt
nur in deinen Sternen steht,
drum ist dein Tag auch noch so schwer,
genieß, als ob´s der letzte wär´.

War auch die Kindheit unbeschwert,
wir hab´n vom Sensemann gehört
und glaubten, dass der Tod sodann
kommt mit einer Sense an.

Die Menschen mussten meist ihr Leben
wegen hohen Alters geben,
der Unfall und die Krankheit dann
ganz wahllos sich die Menschen nahm.

Mord und Krieg hat oft beendet
ein Leben, das noch nicht vollendet,
sie alle traten plötzlich ab
in ein stilles, dunkles Grab.

Ja, tritt dein eigener Tod einst ein,
dann soll er schnell und schmerzfrei sein
und dich versammeln bei den Alten,
die hoch im Himmel ewig walten.

Auslese an der Himmelspforte

Als ich in den Himmel kam
läuteten die Glocken -
als Petrus mich am Händchen nahm,
sah ich sie da hocken.

Das war´n die Ungeklärten noch,
die hier um Einlass baten -
die Engel, sie studierten doch
erst alle ihre Taten.

Da sah ich manchen Gauner sitzen,
den Blick verschämt erheben,
er mußte Blut und Wasser schwitzen
für Untaten im Leben.

Im Himmelsbuch doch alles stand,
hier wurde abgewogen,
wer grade nochmal Gnade fand
und wer zuviel betrogen.

Dann wurde fleißig aussortiert,
die Wolken neu beschickt
und mancher Sünder ungeniert
zur Hölle gleich geschickt.

Hier galten keine Worte mehr,
man konnte auch nicht schmieren -
das Himmelsbuch gab glasklar an
wohin die Wege führen.

Das hatte mancher nicht bedacht,
als er auf Erden weilte,
er rücksichtslos, betrügend gar,
durch sein Leben eilte.

Jetzt saß die ganze Menschenschar
vor ihrem hohen Richter
und immer wieder sah man da
sündhafte Gesichter.

Darum o Menschlein sorge vor,
schnell geht dein Leben hin:
Im Himmelsbuch am Himmelstor,
da steht doch alles drin.

Im Himmel

Das Himmelstor geht langsam auf,
du hörst Schalmeienspiel,
du fliegst nun durch die Himmelsau
und bist an deinem Ziel.

Die Engelschar begrüßt dich gleich
und lächelt zu dir rüber:
Willkommen hier im Himmelreich,
sie singen schöne Lieder.

Ein hübscher Engel fliegt um mich
und nimmt mich in den Arm,
er drückt mich liebevoll an sich,
da wurde mir ganz warm.

Er sagt zu mir, du alter Bengel,
sei brav, benehme dich:
Ich bin allhier dein Führungsengel,
komm auf, begleite mich.

Er führt mich zu ´ner Wolke hin,
ich setzte mich dort nieder,
da saßen all die andern drin,
die einstmals gut und bieder.

O Gott, so hab´ ich auf der Welt,
als ich dort gab das Beste,
den Himmel mir nicht vorgestellt,
ich dacht´ man feiert Feste.

Das kommt noch, leg die Hektik ab
und leb dich erst mal ein,
vergiss der Menschen Zeit und Trab,
dann wird´s dir himmlisch sein.

Die Himmelsbühne stand mir frei
mit Festen, Frohsinn, Lachen,
da war ich dann sofort dabei
und durfte gleich mitmachen.

So hat es sich dann doch gelohnt,
dass ich so brav im Leben:
Die Ewigkeit hat mich belohnt,
mir Engelsgunst gegeben.

In der Hölle

Wie ein jeder Mensch hier weiß
ist es in der Hölle heiß,
diesen Ort nach unserm Leben
sollte keiner je erstreben.

Wer sagt, da wäre etwas los,
der stellt sich schon auf Erden bloß.
Bestraft wird er, wovor er bangt,
ist er dort unten angelangt.

Der Teufel stößt mit seinem Horn
ihn mal von hinten, mal von vorn
für seine Sünden - ungeheuer
tief hinein ins Fegefeuer.

Der trägt Kohlen viele Treppen,
der muss sie dann ins Feuer schleppen
und wer betrogen seine Lieben,
kocht hocherhitzt in Kessel sieben.

Der sitzt in einem dunklen Raum
und sieht die vielen Ratten kaum,
die ihn nun unentwegt benagen
für Untaten an ird´schen Tagen.

Wer sagt er sei stets fromm gewesen
kriegt seine Sünden vorgelesen,
bekommt hier vor der Bußinstanz
Hiebe mit dem Teufelsschwanz.

Wer andere Menschen stets belogen,
so schlimm, dass sich die Balken bogen,
empfängt in diesem Sündenfalle
Strafe mit des Teufels Kralle.

Der Büßerstrafen gibt es viele,
sie haben allesamt zum Ziele,
dass der Mensch, so lang er lebt,
die Zehn Gebote in sich trägt.

Mit Schaudern haben wir vernommen
was dereinst für uns kann kommen,
wenn du den Reim zum Schmunzeln fandest:
Weißt du denn, wo du mal landest?

Zum Schluss

So ging und geht der Mensch durchs Leben,
muss seinem Schicksal sich ergeben,
fragt selten am vollbrachten Tag
was der nächste bringen mag.

In frohen Stunden und in schweren
kann man sich heute viel erklären
und glaubt nicht mehr an Zauberei,
doch kleine Zweifel sind dabei.

Die Ungewißheit lässt nicht ruhn,
man hinterfragt sein eignes Tun,
die Reaktion der andern,
wenn wir durchs Leben wandern.

Familiär und pädagogisch,
musisch oder theologisch,
sportlich und auch hormonell
auf des Lebens Karussell.

Heischend nach Erfolg und Liebe,
auslebend die eignen Triebe,
strebend nach Besitz und Lust -
machten Einflüsse bewusst.

Im Pulk geführt, doch meist allein,
strömt der Einfluss auf uns ein,
mal zum Guten, mal zum Schlechten,
oft ein Anlass anzufechten.

Doch wir sind alle Menschenkinder
und darum klein und große Sünder.
Den Einfluss hat in seinen Jahren
jeder Mensch gleichwohl erfahren.

Der eine fand dabei sein Glück,
den andern warf es hart zurück -
doch zählt es zu des Menschen Gaben:
Wir möchten Macht und Einfluss haben.
Wenn wir diesen unterliegen:
Lass dich niemals unterkriegen.